Die neue Erziehung im neuen Deutschland

Von

Richard Le Mang

1920

A. Marcus & E. Webers Verlag (Dr. jur. Albert Ahn)
in Bonn

Druck: Otto Wigand'sche Buchdruckerei G. m. b. H., Leipzig.

Vorwort.

Seit einem Menschenalter stehen wir in einer Umgestaltung unseres Schulwesens; ich erinnere an die Gleichberechtigung der höheren Knabenschulen, an die Neuordnung des höheren Mädchenschulwesens, an die mannigfachen Versuche und Bemühungen, unser Volksschulwesen mit neuem Geiste zu durchdringen.

Aber alle diese Dinge trafen nicht den Kern der Sache, gingen an der Hauptfrage vorbei. Sie war, für unser ganzes Bildungswesen einen neuen Mittel- und Schwerpunkt zu finden. Dieser konnte nur in dem liegen, das man zusammenfassend mit Deutschkunde bezeichnet.

Um diesen Gedanken in der Lehrerschaft der höheren Schulen recht lebendig wirken zu lassen, berief ich anläßlich des Deutschen Oberlehrertages in Dresden zu Ostern 1912 eine Versammlung der Lehrer des Deutschen. Sie gab den Anstoß zur Gründung des Deutschen Germanistenbundes. Der Krieg mit seinem Aufflammen des völkischen Gedankens brachte diese Bewegung zum Siege. Es gibt jetzt kein Buch und keinen Plan, in dem das nicht als eine Selbstverständlichkeit dargestellt wird. Der Verlust des Krieges und die neue Staatsform zwingen uns aber, die Frage der Neugestaltung noch ernster und tiefer aufzufassen. Unsere Jugend ist der einzige Besitz, den wir für uns gerettet haben, sie ist die einzige Hoffnung einer besseren Zukunft. Somit greift die Frage über die Schule hinaus. Es handelt sich nicht nur um die Schulbildung und Schulerziehung — das ganze Volk in allen seinen Teilen wird davon berührt. Hier mitzuhelfen, ist eines jeden Pflicht. Sie habe ich erfüllen wollen.

Halberstadt, den 6. Oktober 1919.

Prof. Dr. Richard Le Mang,
Direktor der Kaiserin Auguste Viktoria-Schule (Städt. Lyzeum nebst Oberlyzeum).

I.

Die Staatsform, die sich das deutsche Volk jetzt gegeben hat, die der Demokratie, ist gewiß eine der idealsten Staatsformen, aber sie ist wie keine andere auf die Einsicht, die ruhige Vernunft des ganzen Volkes, die klare Überlegung des Einzelnen gegründet. Sie verlangt dringend eine Erziehung jedes Einzelnen, ob Mann oder Frau, zur Demokratie. Und worin besteht diese Erziehung? In der Bildung der Persönlichkeit.

Demokratie und Bildung der Persönlichkeit.

Persönlichkeit zu sein, ist das uralte deutsche Streben, eine der Mächte, die den Gang unserer Geschichte so entscheidend beeinflußt haben. Für uns Deutsche hat immer das Goethesche Wort gegolten:

Höchstes Glück der Erdenkinder ist doch die Persönlichkeit.

Das ist's auch, was die sittliche Grundlage der Sozialdemokratie gewesen und noch ist: das Streben, nicht nur Proletarier zu sein, eine Nummer in der Fabrik, eine Maschine gleichsam, ohne eigenes, ausgesprochenes Leben. Unsere Arbeiter hatten den echt deutschen Wunsch, als Persönlichkeiten angesehen und gewertet zu werden.

Dieses Streben nach Persönlichkeitswert, nach Persönlichkeitskultur muß man in jeder Weise unterstützen. Denn wir können die Gefahren der Demokratie nicht besser bekämpfen, als daß wir die Masse in viele einzelne Persönlichkeiten auflösen. Nicht darin, daß wir wenige starke Persönlichkeiten schaffen, Übermenschen, die ihren Weg für sich gehen, sondern darin, daß wir möglichst viele tüchtige Persönlichkeiten unserem Volke geben, liegt die Gewähr für eine schöne und große Zukunft unseres Volkes, liegt die Hoffnung begründet, daß wir uns aus diesem Abgrunde unseres Falles wieder emporarbeiten können.

Persönlichkeiten, das sind tüchtige, charaktervolle Männer und Frauen, können nicht in Masse etwa gezogen werden wie Korn und

Klee, sie können auch nicht durch allerlei Wissen und vielerlei Kenntnisse geschaffen werden: sie bilden sich selbst. Charaktere sind nicht Massenerzeugnisse, nicht Treibhauspflanzen, nichts Gemachtes, sondern Eigenwüchsiges, Freigewachsenes, Selbstgebildetes. Wir Menschen, die wir an allem herumkünsteln, die wir uns auf Massenproduktion eingerichtet haben, die wir jetzt alles fabrikmäßig betreiben, wir müssen uns daran gewöhnen, daß der Charakter nicht gemacht werden kann, daß er kein Kunstprodukt ist, sondern daß er sich selbst bildet und daß wir ihm nur in seiner Bildung helfen können.

Die Persönlichkeit gleicht dem starken Eichbaume, der sich wuchtig und breitkronig über dem Unterholze erhebt, der ihm Richtung gibt, Schutz gegen Sturm und Unwetter, gegen Sonnenbrand und Schneelast. Soll der Mensch sich zu einem solchen Eichbaum, zu einem wirklichen Charakter entwickeln, so bedarf er wie dieser des rechten Bodens, des passenden Standortes, des fördernden Lichtes und der freien Luft.

Der rechte Boden ist die Familie, der passende Standort kann nur die Heimat sein, das fördernde Licht bedeutet die Schule und die freie Luft die Entwicklungsmöglichkeit.

Familie, Heimat, Schule und Fortbildung: diese vier sind nötig, wenn sich eine Persönlichkeit bilden soll. Sie sind alle vier nötig, fehlt eines, so verkümmert die Persönlichkeit, so leidet sie, so ist sie eben nicht vollkommen. Es ist ein großer Fehler, den man aber immer wieder begeht in den Zeiten, in denen die Vernunft, das Wissen, die Kenntnisse überschätzt werden, zu meinen, es sei an einem genug, die Schule könne allein den Charakter bilden. Es hat das zu einer ganz falschen Auffassung von der Bestimmung, von der Wirksamkeit der Schule und der Lehrer geführt, die verhängnisvolle Folgen gehabt hat und immer haben wird. Ihre früheren Vertreter haben folgerichtig die Familie, die wirksamste Bildungsstätte des Charakters, ausgeschaltet. Emil hat keine Eltern mehr. Die Philanthropen führten die Internatserziehung ein, sie setzten für das Echte und Gute einen Ersatz. Auch der Sozialdemokrat kommt in der Theorie zur Erziehung in großen Anstalten.

Demgegenüber muß mit aller Entschiedenheit betont werden: der rechte Boden, auf dem die echte Persönlichkeit erwächst, ist die Familie. Hier betreut Mutterliebe vom ersten Tage ab den kleinen Erdenbürger, hier umhegt und umsorgt sie sein Heranwachsen, hier nur lernt er die echte, selbstlose Hingebung, den Abglanz göttlicher Liebe, kennen. Aber das junge Menschenkind bedarf auch einer solchen Mutter, sie gibt, mehr als sie es selbst ahnt und weiß, seinem Charakter, seinem Leben die Richtung. Alle bedeutenden Menschen haben gute Mütter gehabt, alle haben mit Ehrfurcht von ihnen gesprochen, haben den ungeheueren Einfluß hervorgehoben, den die Mutter auf ihre seelische Entwicklung ausgeübt hat. Sie haben auch in ihrer Art bedeutende Väter gehabt, tüchtige, charaktervolle Persönlichkeiten, die dem Sohne, der Tochter fürs ganze Leben ein Vorbild gewesen sind. Und sie haben sich endlich meist auch froher und charaktervoller Geschwister erfreut, an denen der Geist sich rieb, daß die Funken sprühten, an denen sich aber auch die schärfsten Ecken abschliffen. In der Familie lernt der Mensch von Jugend an die Tugenden üben, auf denen jeder Staat aufgebaut ist: Gehorsam, Einordnung in ein Ganzes, Selbstlosigkeit, Rücksichtnahme, Gemeinsinn, Pflichtgefühl, Nächstenliebe. Die Familie ist nicht nur die Keimzelle des Staates, sie ist seine Erhalterin und Bewahrerin. Ohne gesunde Familien kann kein Volk bestehen; immer hat der Untergang mit dem Verfall des Familienlebens und Familiensinnes begonnen. Familie.

Mängel des Familienlebens.

Und fragen wir uns: Ist bei uns Deutschen das Familienleben so gewesen, wie man es für unser Volk wünschen mußte? Da müssen wir gestehen: Nein! Große Teile unseres deutschen Volkes haben kein wirkliches Familienleben gehabt. Die kapitalistische Wirtschaftsordnung hat es zerstört. Da ist die lange Arbeitszeit in Fabrik, Laden und Schreibstuben, da ist die Überhäufung mit Arbeit, die Jagd nach Gewinn und damit zusammenhängend die Gier nach Vergnügen. Wie soll dabei ein Familienleben bestehen?

Lange Arbeitszeit.

Von 6 Uhr früh bis abends 6 Uhr war der Arbeiter in der Fabrik. Nimmt man dazu, was meist zu gering ist, eine halbe Stunde Weg zu und von der Arbeitsstätte, so ist der Mann und Vater von ½6 Uhr bis ½7 Uhr von Hause fern. Er sieht seine Kinder fast nur zum Abendessen auf kurze Zeit. Wie soll da von ihm der rechte erzieherische

Einfluß ausgehen! Wie soll aber auch ein freundliches und frohes Zusammenleben gedeihen, wenn das Haupt des Hauses müde und abgespannt, abgerackert von langer Tagesfron nach Hause kehrt! Wo kann jener heitere Friede herkommen, der in jedem Vaterhause walten soll? Darum ist die Durchführung der achtstündigen Arbeitszeit nur zu begrüßen. Der Mensch hat noch andere Aufgaben, als nur Geld zu machen. Er soll arbeiten, aber er soll nicht nur arbeiten, er soll nicht zur Arbeitsmaschine werden. Es ist natürlich nicht gemeint, daß nun der Mann in der Freizeit nichts tun soll. Ganz im Gegenteil! Das Faulenzen ist noch niemals ein Ausruhen gewesen. Aber die Berufsarbeit soll und darf keinen ganz ausfüllen; da wird er stumpf. Es muß noch soviel Zeit sein, daß jeder sich weiterbilden, einer Lieblingsbeschäftigung nachgehen kann. Man klagt darüber, daß unser Volk sich nicht mehr recht freuen kann, daß wir keine Volksfeste mehr haben mit harmloser Fröhlichkeit, daß es sich in die Kinos drängt, man spricht von Verrohung und Verödung des Volkslebens. Das ist auch ganz gewißlich so! Die graue Arbeitsfron hat sich wie kalter Nebel über die Freude gelegt. Das abgearbeitete Arbeitstier, der Mensch, der herdenweise in rohen Steinkästen zusammengedrängt leben muß, kann keine innere Freude haben. Kinder, auf den Höfen und Straßen der Großstadt aufgewachsen und dann mit 14 Jahren in die Fabrik gesteckt, müssen verrohen. Nerven, durch die Hast der Arbeit, die Jagd des Lebens abgemattet, bedürfen der Aufpeitschung. Wer nicht in der Familie fröhlich sein kann, wie soll er es sonst sein? Wer nicht im Kreise von Eltern und Geschwistern ausruhen kann, wo soll er es anders tun?

Hast des Lebens.

Aber nicht der Fabrikarbeiter, der Handarbeiter allein hat in seinem Familienleben durch die lange Arbeitszeit Schaden gelitten. Auch die anderen Stände, die Kaufleute, Industriellen, die Männer der Wissenschaft und der Technik, die sogenannten Kopfarbeiter haben ebenso schwer getragen, auch deren Familienleben ist durch die Hast der Arbeit, die Überbürdung mit ihr, die Jagd nach Gold zerstört worden. Ein tüchtiger Gastwirt einer Großstadt klagte mir: „Ich kann mich nicht um meinen Jungen kümmern. Um nur etwas an die frische Luft zu kommen, gehe ich jeden Tag von früh 6 bis 8 mit meiner Frau spazieren. Komme ich nach Hause, ist der Junge in der Schule. Mittags können wir oft nicht zusammen essen, und wenn ich zum Abendbrot komme, schläft er schon längst.“ Ein anderer Vater, der ein großes Konfektionsgeschäft hatte, bat mich: „Sprechen Sie doch mal mit meinem Jungen. Sie haben einen viel größeren Einfluß auf ihn als ich. Wenn er früh zur Schule geht, schlafe ich noch, mittags bin ich im Geschäft und wenn ich abends nach Hause komme, schläft er bereits. Ich sehe ihn eigentlich nur Sonntags, und jeden Sonntag kann ich ihn doch nicht hauen.“ Einer der höchsten Reichsbeamten äußerte: „Ich sehe meine Kinder nur Sonntags und in den Sommerferien.“ Derartiges wird jeder Lehrer erfahren haben. Er wird auch die Klagen der Väter aller Stände gehört haben, daß Amt, Beruf, Geschäft ihnen für ihre Kinder keine Zeit lassen. So hat die Länge der Arbeitszeit, die Hast der Arbeit selbst, die Jagd nach dem Gelde unser Familienleben aufs schwerste geschädigt. Sie hat auch den Einfluß der Frau in der Erziehung, wo die Frau sich um sie kümmern konnte, ausschlaggebend gemacht, sie hat einen starken weiblichen und oft weibischen Zug in sie gebracht. Aber da war doch noch eines der Eltern, die Mutter, für die Kinder da. Viel verheerender und trostloser ist es da, wo auch die Mutter zur Arbeit außer dem Hause gezwungen ist. Nichts hat so sehr zur Verwilderung unserer Jugend beigetragen wie die Berufsarbeit der Mutter. Daß der Vater im Krieg war und die Mutter als seine Stellvertreterin im Berufe den Tag über vom Hause fort, das hat das hohe Anschwellen der gerichtlichen Bestrafungen der Minderjährigen herbeigeführt. Das hat uns diese Siebenzehn- und Achtzehnjährigen beiderlei Geschlechts gegeben, die ein Schaden und eine Schande unseres Volkes sind. Wollen wir zu einer Gesundung kommen, wollen wir wieder ein gutes Familienleben schaffen, so müssen wir die Mutter der Familie zurückgeben. Die Fabrikarbeit, die außerhäusliche Arbeit der Frau und Mutter muß verboten werden. Die Frau und Mutter gehört ins Haus, zu ihren Kindern, da ist ihr von Gott gewiesener Ort, da ist sie unentbehrlich.

Einfluß der Frau

Berufsarbeit der Mutter

Aber nur in einer menschenwürdigen Wohnung kann ein glückliches Familienleben gedeihen. Das Wohnungselend jedoch ist grauen-

Wohnung

haft. In Löchern, in denen der reiche Mann nicht sein Pferd oder seinen Hund unterbringen würde, muß oft der Arme hausen. Die meisten Wohnungen der ärmeren Bevölkerung der Großstädte sind weit überfüllt. Um den hohen Mietspreis aufbringen zu können, müssen die Leute Abmieter nehmen und müssen sich so in den Räumen drängen und pressen. Es ist nur allzu bekannt und allzu wahr, daß diesem Wohnungselend das Verbrechertum entspringt. Aber auch in den Mittel- und Kleinstädten entsprechen die Wohnräume bei dem ärmeren Teile der Einwohner vielfach bei weitem nicht den gesundheitlichen Anforderungen, geschweige denn denen an etwas Behagen und Freude. So ist eine der wichtigsten und ersten Aufgaben des Neubaues unseres deutschen Reiches: Wohnungsfürsorge, Platz schaffen für Familien, Wohnungen, in denen sie sich wohlfühlen können, die Licht, Luft, Sonne durchfluten, daß Kinder gedeihen können. Wo es irgend geht, gebt jeder Familie ihr Häuschen mit einem Stück Garten. Das sei das Reich der Hausfrau. Die Pflege von Haus und Garten und allerlei Kleintier sei ihre Mitarbeit in der deutschen Volkswirtschaft. Und die Aufzucht einer zahlreichen, leiblich und geistig gesunden Kinderschar sei ihre wichtigste politische Betätigung, sei ihre Mitarbeit an unseres Vaterlandes neuem Aufstieg.

Heimat und Heimatlosigkeit.

Mit einem schönen Familienleben geben wir unseren Kindern auch eine Heimat. Denn eine Jugend, die in einem glücklichen Familienleben und in einem guten Heime aufwächst, die sich zu Hause wohlfühlt, die hat dann auch ein Heimatgefühl. Sie hat wirklich eine Heimat. Wie ist doch das Wort und das Gefühl einem so großen Teile unseres Volkes völlig abhanden gekommen! Wie viele Tausende von Kindern sind herangewachsen und wachsen täglich heran, ohne jemals den tiefen Sinn des Wortes Heimat zu spüren.

Wir denken da an die Kinder unserer Beamten und Offiziere, die eigentlich nirgends heimisch werden. Geboren in einer Stadt des Westens, erhalten sie ihre ersten Eindrücke in einem kleinen Orte des Ostens, kommen ein paar Jahre in eine Großstadt Mitteldeutschlands, dann wieder nach Ost oder West und vielleicht endlich nach Berlin. Aber auch die Familien selbst: haben die Heimatgefühl? Sie kommen in den gegebenen Kreis von Kameraden und Amtsgenossen, fühlen sich da vielleicht heimisch oder auch nicht — doch eine eigentliche Heimat haben sie nicht. Wie sollen sie in ihren Kindern ein Heimatgefühl erwecken? Und so geht's dem Kaufmann, dem Techniker, all den Beamten und Angestellten der Privatindustrie. Wie oft ziehen die auch von Stadt zu Stadt, von Land zu Land! Unsere Arbeiter sind auch nicht besser daran. Wie leicht wechseln sie Arbeitsstelle und Wohnort! Wo soll bei ihnen und ihren Kindern das Heimatgefühl herkommen, wenn sie in die Arbeiterviertel unserer Industriestädte, unserer Großstädte eingepfercht sind?

Und der Mensch, einmal von der Scholle losgelöst, wird wie das wandernde Sandkorn, kommt schwer zur Ruhe. In einem Vorort Berlins von 32 000 Einwohnern waren im Jahre 1906 zugezogen 18 000, abgezogen 16 000 Einwohner. Im selben Orte hob der Geistliche bei einer Taufe hervor: eine Gemeinde wolle sich nun bilden, denn das sei schon das dritte Kind derselben Familie, das er taufe. Die Familie ist aber dann auch fortgezogen.

Dem Menschen, der keine Heimat hat, der kein Jugendland wiederfindet, der als gereifter Mensch nicht mit Kindheitsgespielen durch Wald und Flur gehen, im flußdurchströmten Tale seine Kinderträume wiederträumen kann, dem Menschen fehlt ein Stück festen Bodens unter den Füßen, ihm mangelt ein innerer Halt im Lebenssturme. Aus der Heimatliebe sprießt die Vaterlandsliebe. Weil in einem großen Teile unseres Volkes das Heimatgefühl sich nicht entwickeln konnte, so ist er dem Internationalismus verfallen. Wie viele unter den Spartakusleuten werden keine Familie und keine Heimat haben! Wer keine Heimat und keine Familie hat, der hat auch nichts zu verlieren, weder äußeren, noch inneren Besitz. Wer eine Heimat hat, der hat einen inneren Reichtum, etwas Unverlierbares, etwas, das sein ganzes Wesen durchdringt. Und wie prägt sich die Heimat, das Kennzeichnende der Landschaft, im Menschen, in seinem Gehaben und Wesen aus. Der Friese und der Oberbayer, der Rheinländer und der Ostpreuße, wie sehr sind sie Menschen ihres Bodens, Erdgeborene. Und die Großstädter sind wieder eine Art für sich, die sich im ganzen Reiche gleichen, die eine einseitige

Verstandesbildung, etwas Unruhiges, Nervöses und nichts Bodenständiges haben.

Wie erwecken wir aber und wie pflegen wir das Heimatgefühl, die Heimatliebe?

Weckung des Heimatgefühls.

Bei einem gesunden Familienleben wird in einer freundlichen Umgebung sich Heimatliebe von selbst einstellen. Der Garten am Hause, die Wiese, auf der das Kind spielt, Busch und Wald, den es mit Geschwistern und Freunden durchstreift: das ist seine Welt, seine Heimat. Jedoch Tiere und Pflanzen gehören auch dazu. Die seltene Blume, die es findet, der Erdbeerschlag, die Himbeer- und Brombeerhecken, die Haselbüsche, die Fichte, in deren Wipfel es gesessen hat, wie schmücken und bereichern sie alle sein Heimatbild. Und nun erst die Tiere! Im Kleefelde dort sah der Knabe Freund Lampe, auf jener Blöße schritte der Rehbock vor ihm. In diesem Tale hörte er zum ersten Male der Nachtigall süßen Gesang, und dort erblickte er das erste Vogelnest. Aber auch das stumme Getier redet da zu ihm: die Blindschleiche, die ihn vielleicht erschreckt hat, ein Fisch, den er im Bächlein fängt und in einen kleinen, selbstgegrabenen Teich setzt. Ja, den Fleck Erde, wo er das zum ersten Male gesehen, erlebt, getan hat, den wird er nie vergessen. Und gibt es nun auch geschichtliche Denkmale, Hünengräber, überreste einer alten Burg, Wall und Graben und alte Stadttore, romanische und gotische Kirchen, alte Bürgerhäuser, mit hohen Giebeln und schönen Erkern in heimelichen Gassen und an stillen Plätzen — muß da nicht von selbst Liebe zur Heimat, zum Volkstume wachsen wie die Sagen und Geschichten, die sich um all diese Zeugen vergangener Zeit efeugleich ranken?

Und hier hat nun das Haus seine schöne Aufgabe. Heimatsagen erzähle die Mutter, der Vater den Kindern in der Dämmerstunde oder auf dem Spaziergange, wenn der Weg ihn an einem sagenumwobenen Fleck führt. An sie knüpfe er die Geschichte und lasse sie dem Kinde lebendig werden. Geht er aber mit seiner Familie vors Tor, so eile er nicht nur nach der nächsten Wirtschaft, sondern er öffne sich und den Kindern die Augen für die Natur. Er freue sich mit seinen Kindern über das feine Blümlein am Wege, über das zierliche Käferlein, er verstehe, was der Boden ihm erzählt, und höre die

Stimme der Geschichte. Wie wird der Mann im greisen Haare noch zurückdenken, wie heilig wird ihm der Ort sein, an dem ihm der Vater, die Mutter einstmals diese Sage, jene Geschichte erzählt hat! Unter dieser Buche aber haben wir oft gesessen und ins weite Land gesehn. — O Heimat!

Vaterlands-liebe.

Ein solches Heimatgefühl ist die wahre Grundlage zur Vaterlandsliebe, zum echten Vaterlandsstolz. Warum hat der uns Deutschen bis jetzt gefehlt? Was wußten wir denn von unserem Volke und seiner Geschichte? Ein paar Namen, ein paar Zahlen, ein paar Ereignisse! Wortwissen, Angelerntes, als ob unsere Vorfahren ein ganz fremdes Volk gewesen wären! Wir gleichen den Berlinern, die drei Jahre erst in der Stadt wohnen und nun den Eingeborenen und den Großstädter herausbeißen. Unser Auftreten im Auslande war oft dem dieser Gesellschaft sehr ähnlich. Uns fehlte der innere Stolz, der aus dem Bewußtsein entspringt, einem tüchtigen Geschlecht, einem alten, bewährten Volk anzugehören. Unsere Geschichte hat ihn uns nicht einimpfen können, besonders nicht in den vielen Kleinstaaten, deren Politik in jeder Beziehung jämmerlich und kleinlich gewesen ist. Da hätte das Haus und die Schule das in viel höherem Maße tun sollen, als es geschehen ist; denn eben die echte Vaterlandsliebe hilft den Charakter bilden. Wahre Vaterlandsfreunde sind Persönlichkeiten gewesen, Vaterlandsverräter waren immer Lumpen.

Schule.

Haus und Familie geben die Kinder für eine bedeutende Spanne dieses Lebens an die Schule ab. Sie ist es, die das vollendet, was das Haus nicht tun kann, sie überstrahlt das kleine Menschenbäumchen mit dem fördernden Licht der Wissenschaft, läßt es wachsen und gedeihen, Knospen treiben und Blüten tragen.

Hat die Schule diese ihre Aufgabe richtig erfüllt? Doch wohl nicht. Der Ruf nach Umgestaltung unseres Schulwesens, wie er sich seit drei Jahrzehnten immer dringender und dringender erhoben hat, beweist schon, daß Fehler sich eingestellt hatten, daß die Schule nicht mehr den Anforderungen gerecht wurde, welche das deutsche Volk an sie stellte.

Alle großen menschlichen Einrichtungen wie Staaten, Verfassungen, Kirchen, Kasten u. a. haben ein starkes Beharrungsvermögen. Wie lange hat sich das Heilige Römische Reich Deutscher Nation noch aufrecht gehalten, obwohl es eigentlich schon längst tot war. Auch geht die Entwicklung in ihnen nur langsam und ruckweise vor sich. Es entstehen Spannungen zwischen Einrichtung und Leben, die zuletzt unerträglich werden und eine Änderung herbeiführen.

Fehler in der äußeren Organisation.

Auch in unserem Schulwesen war eine solche Spannung eingetreten, auch in ihm fand sich viel Altes und Veraltetes, auch hier war das strömende Leben über so manches hinweggerauscht oder hatte es ans öde Ufer geschwemmt, wo es als toter, unfruchtbarer Felsblock lagerte.

Keine Einheit.

Schon äußerlich litt unser Schulwesen an einem schweren organischen Fehler. Es war keine Einheit. Volksschule, Mittelschule, höhere Schule und Hochschule standen streng gesondert nebeneinander. Sie glichen Gärten, die durch hohe Mauern voneinander getrennt sind, in denen jeder Gärtner für sich treulich und eifrig arbeitet. Wirft er einen Blick über die Scheidewand, so ist's nur einer der Kritik. Da ist's nun unbedingt nötig, die Mauern niederzureißen und unser gesamtes Bildungswesen zu einem großen, schönen Garten zu gestalten, in dem auch verschiedene Gärtner, aber in gemeinsamer Arbeit tätig sind; denn auch die Lehrer der verschiedenen Schulen standen sich zu abgesondert, zu fremd gegenüber. Das alles läßt sich ja aus dem geschichtlichen Werden verstehen. Wir können begreifen, daß die Humanisten keine Veranlassung hatten, engere Beziehungen zu suchen zu den Volksschullehrern, die sich doch erst mühsam zu einem geschlossenen Stande heraufgearbeitet hatten; daß aber keine engeren Berührungen hergestellt werden konnten, das ist ein Fehler, den man versuchen muß auszugleichen.

Ungleiche Verteilung auf Stadt und Land.

Ein zweiter großer Fehler der Organisation ist die ungleiche Verteilung der höheren Schulen über das Land. Es ist bedauerlich, daß im Ministerium kein Wille gewesen ist, der in das willkürliche Aufschießen Ordnung gebracht hat. So sind die Großstädte und die größeren Städte gegenüber dem Lande mit seinen kleineren Orten außerordentlich bevorzugt worden. Die ganze Provinz Ostpreußen hat etwa halb soviel höhere Knabenschulen wie Großberlin. Den elf höheren Mädchenschulen Ostpreußens stehen viermal soviel berliner entgegen. Westpreußen hat 33 öffentliche Knabenschulen, Pommern eine mehr, Brandenburg 152, die Rheinprovinz 149; bei den öffentlichen höheren Mädchenschulen sind die Verhältniszahlen 12, 11 zu 69 und 48. Das flache Land ist außerordentlich benachteiligt. Welche Opfer müssen die Eltern, die auf dem Dorfe oder in der Kleinstadt wohnen, für ihre Kinder bringen! Man spricht davon, auch für die höheren Schulen das Schulgeld aufzuheben zur Förderung der Begabten, man richtet Einheitsschulen ein und hat sonstwas für Pläne, aber alle diese kommen nur wieder den größeren Städten und den Großstädten zugute. Das Land und die Kleinstadt geht leer aus. Ich meinerseits halte aber eine bessere Verteilung unserer höheren Schulen für viel notwendiger und für unser Volk auch für viel wichtiger als alle Neuerungen, die Einheitsschule mit eingeschlossen. Es ist doch für jeden klar, daß das Land oder die kleine Stadt für Kinder in jeder Weise der gesündeste Aufenthalt ist, während die Großstadt kinderfeindlich ist, auch insofern, als sie das Wachstum der Familien beschränkt. Eine Familie mit sechs Kindern muß fürchten, keine Wohnung zu erhalten. Aber welcher Geistliche, welcher Lehrer auf dem Dorfe, welcher Amtsrichter oder Bürgermeister einer kleinen Stadt — wenn er nicht sehr wohlhabend ist — kann eine zahlreiche Familie gut ausbilden lassen? Unsere Beamten werden ja der Schulen wegen in die größeren Städte getrieben. Wie viel Kinder aber, kleine Jungen und Mädchen, die wirklich noch der mütterlichen Pflege bedürfen, müssen bei fremden Leuten in den Mauern der Stadt ihre Jugend verbringen. Wie viele sind vom neunten Jahre ab nur noch auf Besuch zu Hause! Wie viele aber sind gezwungen, als Fahrschüler die Schule zu besuchen. Früh um 6 Uhr von Hause fort und nachmittags um 3 oder 4 Uhr erst zurück, was das heißt, jahrelang das durchzuhalten! Und welchen Gefahren sind die jungen Menschenkinder dabei ausgesetzt! Was sehen und hören sie im Eisenbahnwagen, in den Wartesälen; in welche Versuchungen kommen sie, wenn sie vor und nach der Schule in der Stadt sich selbst überlassen sind! Wir klagen über das Anschwellen der Städte, über das Veröden des Landes, über die

Landflucht, aber wir begünstigen das alles durch eine falsche Schulpolitik.

Überwiegen einer Schulart.

Und dazu kommt als dritter organischer Fehler das Überwiegen der einen höheren Schulart für Knaben, des Gymnasiums. Von den 32 höheren Knabenschulen Ostpreußens sind 17 Gymnasien, von 33 in Westpreußen 15, von 34 in Pommern 20, von 27 in Posen 18. Je mehr wir uns dem Westen, dem Industrielande, nähern, um so mehr treten realistische Anstalten auf, aber die staatlichen Schulen sind überwiegend Gymnasien. In der Rheinprovinz z. B. gibt es 32 Gymnasien, aber nur 5 Realgymnasien und 1 Oberrealschule staatlicher Gründung. Da naturgemäß die kleineren Städte solche vom Staate unterhaltene Anstalten besitzen und diese dann die einzige höhere Schule am Orte ist, so müssen eine Menge Kinder humanistisches Studium treiben, die dazu gar keine Anlage, keinen inneren Trieb und kein Verständnis dafür haben. An Tausenden unserer Schüler wird jahraus, jahrein gegen die einfachsten pädagogischen Grundwahrheiten gesündigt. Auch hier ist eine Neuordnung höchst notwendig.

Die Schule anstelle des Hauses.

Bei der Auflösung der Familie, wie sie der Kapitalismus ohne Zweifel mit sich gebracht hat, waren die Schulen mit Aufgaben betraut worden, die eigentlich jene hätte erfüllen müssen. Hatten sie ursprünglich nur zur Vermittlung eines bestimmten Wissens gedient, so waren sie jetzt zu Erziehungsschulen geworden. Je mehr die häusliche Erziehung nachließ oder ganz aufhörte, um so mehr mußte die Schule diese Pflicht übernehmen. Sie bekam aber das Kind nicht länger in ihre Obhut, sondern durch den zusammengelegten Unterricht noch kürzere Zeit. Zugleich wuchs der Wissensstoff, den die Schule vermitteln mußte. Zur Vertiefung, zur wirklichen Erkenntnis, zum eigentlichen erziehenden Unterricht war keine Zeit mehr. So stellte sich ein Wortwissen, ein Gehabthaben ein, das die Halbbildung hervorrief, unter der wir jetzt zu leiden haben. Und nun wurde von der Seite der Erziehung her und von der des Wissens immer und immer Neues der Schule aufgepackt, so daß sie es natürlich keinem mehr recht machen konnte. Eine Erfindung, eine Entdeckung — flugs sollte die Schule ihre Zöglinge davon unterrichten; eine neue geistige Richtung, ganz gleich, ob einem tiefen Bedürfnis, ob Mode entsprungen — die Schule sollte sie aufnehmen. Was sollten Schulen und da zumeist die Volksschulen nicht alles leisten! Schulspaziergänge, Spielnachmittage, Ferienkolonien, Milch- und Suppenverteilung, Brausebäder, Weihnachtsbescherungen, Berufsberatung in der Volksschule, Wander-, Ruder-, Turn-, Gesang- und literarische Vereine, sexuelle Aufklärung und die sonstigen erzieherischen Maßnahmen der höheren Schulen. Die Schulgesundheitslehre machte dem Lehrer zur Pflicht, auf Gebrechen und Krankheiten zu achten, die das Elternhaus nicht bemerkt hatte, und jedes Jahr brachte neue soziale und erzieherische Beobachtungen und Pflichten. Dazu nun die Überhäufung mit Stoff, und immer Neues und Neues: Bürgerkunde, Meteorologie, Geologie, Bekämpfung der sozialdemokratischen Weltanschauung usw.

Dabei täuschte man sich aber darüber, daß die Schule das alles gar nicht durchführen konnte. Sie hatte — wie schon gesagt — zur erzieherischen Beeinflussung das Kind nicht lange genug. Was sind 4 Stunden täglich, was 24 oder 33 gegen 168 der Woche! Der erzieherische Einfluß der Schule und besonders der Volksschule ist auch tatsächlich ganz gering gewesen. Der beste Beweis dafür ist die Revolution und die Art, wie sie sich vollzogen hat. Hierbei hat die Schulerziehung völlig versagt. Erziehung kann nur im Elternhause geleistet werden oder in einer Schule, die dieses ganz ersetzt, d. h. in einem Internat, einer geschlossenen Anstalt.

Es sind das Fragen der äußeren Einrichtung unseres Schulwesens, in denen es zum Teil hinter der Zeit zurückgeblieben war und die darum dringend einer Neuordnung bedürfen.

Fehler der inneren Organisation.

Wichtiger und viel bedeutungsvoller sind die Fragen der inneren Organisation, des geistigen Lebens unserer Schulen. Da ist ja vor allem die große Spannung zwischen Schule und Leben eingetreten, unter der wir seit wenigstens einem Menschenalter leiden. Sie fand ihren ersten offiziellen Ausdruck in der Schulkonferenz, die Kaiser Wilhelm II. einberief, und wurde am schärfsten in die kaiserlichen Worte zusammengefaßt: Keine jungen Römer und Griechen, sondern Deutsche!

Unser Schulwesen war wirklich zurückgeblieben. Es war nicht den ungeheueren Änderungen gefolgt, die innerhalb des letzten Jahrhunderts im gesamten Weltbilde und in der Stellung und Bedeutung des Deutschtums eingetreten waren.

Die Schule war nicht den gewaltigen Veränderungen des Weltbildes gefolgt.

Zur Zeit, als die Grundlagen zu unserer Volksschule gelegt wurden, war die Welt ganz anders. Auch noch vor hundert Jahren, als das höhere Schulwesen im Geiste des Neuhumanismus geordnet wurde, war das Weltbild weit verschieden von dem heutigen. Die Erde war viel enger und viel weiter, und viel näher stand dem Menschen jener Tage noch das Mittelalter mit seiner Weltanschauung.

Das alte Weltbild.

Die Erde war enger! Nur West- und Mitteleuropa lagen im Gesichtskreis des Deutschen. Nur dahin reiste er. Italien war das Land der Sehnsucht, Griechenland nur wenigen Glücklichen zugänglich. Der Osten Europas lag in tiefer Nacht. Von den übrigen Erdteilen hatten allein kühne Forscher, hanseatische Seefahrer oder abenteuernde Gesellen eine oberflächliche Kenntnis. Noch hatte man nicht des Dampfes Kraft oder die der Elektrizität in der Menschen Dienst gestellt, die uns der Erde Entfernungen spielend überwinden lassen. Leben, Handel und Gütererzeugung vollzog sich im engen Kreise. Alle die großen Erfindungen und Entdeckungen, die der Erde Antlitz umgestaltet haben, waren noch nicht gemacht. Auch die Wissenschaft hatte noch Raum in den vier Fakultäten der Universitäten, der einzigen Hochschulen, die wiederum nur Landesuniversitäten waren. Darum war die Welt auch weiter. Wie entfernt lagen schon die Völker, die hinter den nächsten Nachbarn wohnten! Was ging deren Staatsverfassung, deren Volkswirtschaft die andern an? Wie wenig geistige Berührung fand statt! Und vollends die Länder jenseits des Meeres, wie weltenfern waren sie! Amerika, zu dem man auf kleinen Schiffen in soviel Wochen hinüberfuhr wie jetzt in Tagen, war noch von der grünen Woge seiner Urwälder bedeckt, in die langsam die Axt des Einwanderers sich Bahn schlug. Was bedeutete es für Europa? Was ging es uns an, ob in Südamerika die Spanier herrschten oder einzelne selbständige Staaten entstanden?

Und kein Mensch hätte dafür mehr als Achselzucken gehabt, ob die Nordamerikaner sich zu Herren der südlichen Hälfte ihres Erdteiles machten. China war für uns nur das Land des Tees und der Seide, Japan fast ganz unbekannt.

Deutschland war überwiegend Agrarstaat mit Dreifelderwirtschaft, geringem Binnenhandel, ständischer Gliederung. Es trug noch viel Altes und Überliefertes aus dem Mittelalter in sich, dem erst das Jahr 1848 ein Ende machte.

Dieses Weltbild und diese mittelalterliche Weltanschauung spricht noch aus den Lehrplänen unserer Schulen zu uns.

Das alte Weltbild im Religionsunterricht.

Am meisten im Religionsunterricht. Man klagt allgemein über Abneigung und Feindschaft in weiten Kreisen des Volkes, über religiöse Gleichgültigkeit bei den Gebildeten. Und doch haben die Kinder des Volkes wöchentlich 6, 5 und 4 Stunden Religionsunterricht, und die, welche die höheren Schulen besuchen, stehen bis zum 18. und 20. Jahre unter religiösem Einfluß. Die Schulen messen dem Religionsunterricht auch großen Wert bei. Die Lehrpläne sind sehr sorgfältig aufgestellt, und die methodischen Bemerkungen sind ganz ausgezeichnet. Sie legen besonderes Gewicht auf die ethische Seite des Unterrichts; sie bekennen, daß die Persönlichkeit des Lehrers für diesen Unterrichtszweig wie für keinen andern ausschlaggebend ist. Wir können überzeugt sein, daß die Religionslehrer fast durchweg ernste, von ihrer Aufgabe durchdrungene Männer und Frauen sind, die ihren Schülern das Beste geben wollen. Wenn es aber bei alledem nur wirklich hervorragenden Menschen gelingt, bei den Schülern innere Teilnahme zu erreichen, so müssen im Stoff selbst Hemmungen sein. Und das ist so.

Mit unserm Religionsunterricht stecken wir noch zu sehr in mittelalterlichen Anschauungen. Das lebendige Christentum ist ein ganz anderes, als die Kirche und somit auch die Schule lehrt. Die Geschichte vom Apfelbiß, vom Fluche Gottes, von der Erbsünde fassen wir doch nicht mehr wörtlich auf. Uns erscheint es als Gotteslästerung anzunehmen, Gott belege erst die Menschheit mit einem Fluch, den er nur dadurch aufheben kann, daß er seinen Sohn zur Erde schickt und ihn martern und kreuzigen läßt. Für uns hat das Alte Testament nicht mehr die große Bedeutung, und das jüdische Volk gilt uns nur sehr bedingt für das auserwählte. Gewiß haben die Juden den Monotheismus gehabt. Aber erst Moses hat ihn aus Ägypten mitgebracht und gegen des Volkes Neigung durchgesetzt. Und wie haben seine Nachfolger, die Propheten und Hohenpriester, gegen die Vielgötterei ankämpfen müssen! Gab es aber nicht auch bei den andern Völkern Monotheisten? Hatten nicht die Philosophen und die Gebildeten der Griechen und Römer sich über die Vielgötterei ihrer Völker erhoben?

Das Christentum ist die Vollendung des Monotheismus. Also zeigen wir unserer Jugend dessen Entstehung und sein Wachsen bei den Völkern der Alten Welt, bis daß die Zeit erfüllet war und Christus ihn uns in seiner erhabensten Form brachte. Und mit diesem Gottesbegriff verband Christus das Wort von der Liebe, der Feindesliebe. Damit hat er den wunderbarsten und gewaltigsten Gedanken ausgesprochen, seit die Welt steht. Damit hat er den Menschen erst zum Menschen gemacht. Diese außerordentliche Lehre hat die Welt umgestaltet und ändert sie immer mehr. Noch Jahrtausende wird die Menschheit an ihrer Erfüllung arbeiten. So steht für uns die gewaltige, weltüberragende Persönlichkeit Jesu im Mittelpunkt. Aber Jesus nicht als Erfüller des Gesetzes, sondern als Verkünder der erhabensten Lehre der Liebe, als Begründer einer neuen Sittlichkeit, als ein göttliches Vorbild, dem wir mit allen Kräften nacheifern sollen.

Das Alte Testament.

Darum verstehen wir nicht, warum das Alte Testament noch solchen Raum im Religionsunterricht einnimmt. Auch können wir die Gestalten der Erzväter z. B. nicht als Vorbilder unserer Jugend ansehen. Die Sittlichkeitsbegriffe, die da zutage treten — ich erinnere an Jakob — sind eben orientalisch, passen in die Erzählungen von Tausend und eine Nacht, aber nicht in den christlichen Religionsunterricht. „Die Erzväter sollen auch nicht als Muster der Frömmigkeit hingestellt werden,“ entgegnet man, „sondern als Menschen, die durch Irrtum und Sünde zur Wahrheit und Reinheit kommen. Und darin liegt der Wert, daß sie den Kindern so ganz als Menschen gegenübertreten. So fein modelliert sind keine andern Gestalten der alten Geschichte." Dann darf man diese Geschichten nicht unseren Jüngsten erzählen. Die erwarten in einer Stunde, wo vom lieben Gott und seinen Engeln die Rede ist, auch ideale Menschen. Diese Kinder haben noch kein Verständnis für Seelenentwicklung und innere Kämpfe. Viele der Menschen des Alten Testaments haben für das gerade Empfinden unserer Kinder etwas Abstoßendes. Wer es fertig bringt, seinen sterbenden Vater zu belügen und seinen Bruder zu betrügen, wie es Jakob tut, der ist ein ausgemachter Lump. Daß der liebe Gott gerade den sich aussucht, um ihn zu beschützen und zu erziehen, das versteht ein Kind nicht. Ich möchte den deutschen Jungen oder das deutsche Mädchen sehen, dem nicht Esau zehnmal lieber wäre als Jakob. Daß Väter einzelne Kinder so bevorzugen, wie es uns von Josef erzählt wird, und daß wiederum Brüder sich so untereinander betragen, widerspricht dem deutschen Gefühl. Wie aber ein Gott, der die Liebe ist, einem Vater den Auftrag geben kann, seinen eigenen Sohn zu opfern und dies, weil er — der Allwissende — des Vaters Herz prüfen will, diese Erzählung erscheint uns geradezu als Gotteslästerung. Sie verträgt sich durchaus nicht mit unserer Gottesanschauung. Darum Beschränkung, möglichste Beschränkung dieser alttestamentarischen Geschichten.

Aber auch die Geschichte des jüdischen Volkes ist für uns durchaus nicht so wichtig. Es war doch nur ein kleiner Pufferstaat zwischen den Weltmächten, der bald dem einen und bald dem andern zufiel. Der Einfuß der Nachbarvölker und ihrer Religionen auf die jüdische, der Kampf des Monotheismus in ihr gegen den Polytheismus — das ist das, was unsern Religionsunterricht angeht.

Sieht man aber nun die Lehrpläne an, so staunt man über den Raum, die Bedeutung, die sie dem Alten Testament noch geben. In den Volks- und Mittelschulen wird die Hälfte der Zeit etwa auf das Alte Testament verwendet. Und die höheren Schulen? Schon ehe die Kinder dahin kommen, haben sie die Geschichten des Alten Testamentes zum mindesten zweimal gehabt. Dann aber gibt es in der Sexta nur Biblische Geschichte des Alten Testaments, in Quarta kommt das Alte Testament noch einmal daran. In Untertertia ist die Jahresaufgabe: das Reich Gottes im Alten Testament, die in Untersekunda wieder aufgenommen und erweitert wird. Vor lauter Altem Testament kann der Katechismus nicht ordentlich gelernt, können Sprüche und Lieder nicht eingeprägt werden, kann das Christentum nicht zu Wort kommen. Hier kann viel Zeit und Mühe und den Schülern viel geistiger Ballast gespart werden.

Die mittelalterliche religiöse Auffassung tritt uns auch bei der Behandlung des Neuen Testamentes entgegen. Um die Gottheit Christi zu erweisen, müssen die Erzählungen von den Wundern einen großen Raum einnehmen. Schon im ersten Schuljahre wird den Kindern dargeboten: Der wunderbare Fischzug, Jesus auf einer Hochzeit, Jesus bei einem Begräbnisse, Jesus am Totenbette eines zwölfjährigen Mädchens, Jesus stillt den Sturm, Jesus speist 5000 Mann, Jesus heilt 10 Aussätzige usw. Diese und weitere Wundergeschichten kommen immer wieder vor. So ist's nicht nur in den Volksschulen, auch die höheren Schulen legen noch viel zu viel Wert auf diese Erzählungen einer für unser Empfinden weit entlegenen Zeit.

Die Wunder im Neuen Testament.

Wenn auf anderen Gebieten, im Deutschen, in Geschichte und Erdkunde, die Lehrpläne der Volksschule der neueren Zeit mehr Rechnung tragen, so erklärt sich das daraus, daß diese Fächer in ihr verhältnismäßig jung sind. Anders ist's bei der höheren Schule, deren Anfänge zum Teil tausend Jahre und noch weiter zurückliegen. In ihr wirkten und lebten mittelalterliche Gedanken und das Weltbild, wie es vor 100 Jahren war.

Das beweisen uns die Lehrpläne der höheren Schulen, und besonders der ältesten, des Gymnasiums, das beweist uns die Wertung der einzelnen Lehrfächer.

Das alte Weltbild im Latein.

Da ist zuerst das Latein zu nennen.

Die römische Kirche brachte mit dem Christentume die Reste der antiken Bildung in römischer Sprache zu den Deutschen. So war Latein nicht nur die Kirchensprache, sondern auch die der Gebildeten. Das ganze Mittelalter hindurch war es lebende Sprache, wurde vom

Humanismus gleichsam gereinigt und neu belebt und hat sich dann als Gelehrtensprache bis Ende des 18. Jahrhunderts gehalten. Es mußte jeder Latein sprechen und schreiben können, der die Universitäten und ihre Vorlesungen besuchen, der wissenschaftliche Werke lesen wollte. Am Anfange des vorigen Jahrhunderts übernahm der Neuhumanismus das Latein und machte es zur Grundlage seiner Bildung, und so ist's bis jetzt geblieben. Das Latein ist der Mittel- und Schwerpunkt unseres Gymnasiums, es nimmt auch im Realgymnasium viel Raum ein. Am Gymnasium sind mehr als ein Viertel, am Realgymnasium mehr als ein Fünftel aller wissenschaftlichen Stunden dem lateinischen Unterricht gewidmet *).

Was wird nun in diesen vielen Stunden des Latein erreicht? Das Lehrziel des preußischen Gymnasiums ist: Auf sicherer Grundlage grammatischer Schulung gewonnenes Verständnis der bedeutenderen klassischen Schriftsteller Roms und dadurch Einführung in das Geistes- und Kulturleben des Altertums.

Also Verständnis der klassischen Werke, nicht lateinisch sprechen und lateinisch schreiben, nicht ciceronianische Eloquenz. Die freien lateinischen Arbeiten sind schon längst vorbei, und lateinisch wird auch nicht mehr in den Reifeprüfungen gesprochen. Setzt sich aber der Betrieb des Latein nicht in einen merkwürdigen Gegensatz zum Lehrziel? Sind für dieses Ziel so viele Stunden nötig und so viele Jahre? Das Lehrziel des Französischen ist doch fast das gleiche: Verständnis der bedeutendsten französischen Schriftwerke der letzten drei Jahrhunderte und einige Geübtheit im mündlichen und schrift- Gebrauch der Sprache. Das soll aber mit 20 Wochenstunden, also

*) In den Gymnasien ist rund gerechnet jede 3. oder 4. Stunde eine lateinische, in den Realgymnasien wird nur von Oberterz ab das Verhältnis wie 1:6 oder zu 7. Im ganzen verhält sich in Preußen das Latein zu allen übrigen Fächern wie 1:3,65, auf den bayrischen Gymnasien wie 1:3,76, auf den württembergischen wie 1:3,58, auf den sächsischen wie 1:3,56, auf den hessischen wie 1:3,70. Bei den Realgymnasien stellt sich das Verhältnis in Preußen wie 1:4,44, in Bayern wie :14,28, in Württemberg 1:4,357, in Sachsen 1:4,96., in Hessen 1:4,67.

noch nicht dem dritten Teil erreicht werden*). Noch jetzt wie zur Humanistenzeit ist die ciceronianische Eloquenz das Ziel, gilt Cicero als der Meister des lateinischen Stiles, seine Werke bilden für unsere Gymnasiasten den Hauptlesestoff. Welche Schriftsteller liest ein preußischer Gymnasiast? In Quarta beginnt der alte gute Cornelius Nepos in einer Bearbeitung, und in Untertertia kommt Caesar hinzu und Ovid. Beide bleiben auch in Obertertia. In Untersekunda aber tritt Cicero auf und beherrscht bis Oberprima das Feld, nur neben ihm liest man noch Virgil, Horaz, Salust, Livius, Tacitus. Auch in den Gymnasien der anderen Staaten ist es so.

Cicero. Weil den italienischen Humanisten die Eloquenz Ciceros als Ideal galt, so ist diese Zeit des Verfalls der römischen Republik, der Wirren und der Bürgerkriege für uns der Mittelpunkt der römischen Kultur und des römischen Geisteslebens und Cicero ihr Hauptvertreter. Daher rührte auch die Vorliebe unserer humanistisch Gebildeten für die Republik. Das entspricht weder der Bedeutung der Zeit, noch der des Mannes. Er war doch nur ein kluger Advokat, dessen glänzender Rednergabe sich die herrschende Partei bediente, der sich aber als Staatsmann sehr ungeschickt benommen hat. Seine Anwaltsreden stoßen den unverdorbenen Sinn eines deutschen Jungen ab. Wie versteht er aus Schwarz Weiß zu machen, wie stellt er seinen Klienten als reines, unschuldiges Lamm, den Gegner als ausgemachten Bösewicht hin, wie setzt er ihn nach jeder Richtung hin herab! Es bleiben nur seine Briefe und philosophischen Schriften, aus denen uns ein freundlicheres Bild entgegenleuchtet. Er übt

---

*) In Wahrheit ist ja auch der Unterricht, besonders in den unteren und mittleren Klassen, auf völlige Beherrschung der lateinischen Sprache zugeschnitten. Ein preußischer Gymnasiast hat in den 9 Jahren über 2700, d. h. jährlich 300 Stunden Latein gehabt, also 9 Jahre lang fast täglich eine Stunde. Dann muß ein normaler Schüler in Wort und Schrift dieser Sprache mächtig sein. Er muß imstande sein, aus dem Stegreif einen von groben Fehlern freien Aufsatz zu schreiben, sich mit jemand lateinisch zu unterhalten. Wird das nicht erreicht, so liegt es entweder am Ungeschick der Lehrer oder — an der mangelnden Teilnahme der Schüler.

auch auf unsere Jugend keinen erhebenden oder anfeuernden Einfluß aus. „Der alte Schwätzer“ wird er wohl durchgehend von unseren Gymnasiasten genannt und hieß er schon früher, denn mit denselben Worten bezeichnete ihn mir gegenüber ein hoher Staatsmann Süddeutschlands. Der eigentliche Vertreter des Römertums ist Caesar, dessen Schriften den römischen Geist atmen. Es ist ein großer pädagogischer Fehler, daß man sie als Lesekost den Anfängern gibt, die noch zu sehr mit der Form zu kämpfen haben. Auch das hängt mit der Überschätzung Ciceros zusammen. Die anderen Geschichtschreiber Sallust, Livius, Tacitus führen uns ebenfalls in den römischen Geist ein, zugleich beleben sie als Quellen den Geschichtsunterricht.

Als erster Dichter wird noch jetzt Ovid gelesen. Seine Bedeutung lag darin, daß man an ihm am leichtesten den lateinischen Versbau kennen lernen konnte. Lateinische Verse werden nicht mehr verfertigt. Seine Metamorphosen fesseln aber unsere Schüler durchaus nicht, ein sittlicher Inhalt eignet ihnen auch nicht. So ist es eigentlich schade um die viele Zeit, die man sich mit ihm abquält. Virgil und Horaz lasse ich mir eher gefallen. Zwar ist die Aeneïs eine schwache Nachahmung Homers und nicht aus innerem, dichterischem Drange, sondern aus sehr äußerlichen Gründen entstanden. Aber Horaz ist, wenn auch Nachahmer, doch ein dichterisches Talent. So hoch wie er früher gestellt wurde, können wir ihn nicht einschätzen. Unter den deutschen Dichtern wäre er nur ein bescheidener Stern zweiter Größe.

Diese Dichter — Plautus, Terenz, Catull noch hinzugenommen — führen uns wirklich in die römische Kultur und ihr Geistesleben ein und die Geschichtschreiber vollenden das. Auch Cicero gehört, aber nur unter diesen Gesichtspunkten, hinzu, mit seinen Catilinarien, seiner Rede de imp. Pompei etwa, auch eine oder die andere seiner Anwaltsreden noch und einiges aus seinen Briefen und philosophischen Schriften.

Das entspricht ja im allgemeinen der Forderung der Lehrpläne. Ist dafür aber der jetzige Aufwand an Zeit nötig? Müssen unsere neunjährigen deutschen Jungen schon mit Latein geplagt werden, die Schwierigkeiten genug haben, sich in ihrer Muttersprache zurechtzufinden und denen zumeist das Latein ein mit Nebel gefülltes Land bleibt? Daß die Jungen noch nicht imstande sind, die ganz fremde Sprache mit ihrem grammatischen Bau zu verstehen, das geben die Lehrpläne selbst zu. Denn in den unteren und mittleren Klassen besteht die eine Hälfte der Jahresaufgabe immer in der Wiederholung der Aufgabe des vorhergehenden Jahres.

Man vergleiche:

Die Wiederholung im Latein.

Sexta (8 Stunden): Formenlehre mit Beschränkung auf das Regelmäßige unter Ausschluß der Deponentia.

Quinta (8 Stunden): Wiederholung der regelmäßigen Formenlehre. Die Deponentia, die unregelmäßige Formenlehre.

Quarta (8 Stunden, davon 4 Stunden Grammatik): Wiederholung der Formenlehre, namentlich der sogenannten unregelmäßigen Verba, das Wesentliche aus der Casuslehre, sowie besonders Wichtiges aus der Tempus- und Moduslehre.

Untertertia (8 Stunden, davon 4 Stunden Grammatik): Wiederholung und Ergänzung der Casuslehre, die Hauptregeln der Tempus- und Moduslehre.

Obertertia (8 Stunden, davon 4 Stunden Grammatik): Wiederholung und Ergänzung der Tempus- und Moduslehre.

Untersekunda (7 Stunden, davon 3 Stunden Grammatik): Wiederholung der Casus-, Tempus- und Moduslehre. Abschluß der Verbalsyntax in ihren Hauptregeln.

Obersekunda (7 Stunden wöchentlich, davon 2 Stunden Grammatik): Grammatische Wiederholungen, unter eingehender Berücksichtigung der wichtigeren und schwierigeren Syntaxregeln; zusammenfassende Belehrungen über besonders hervortretende stilistische Eigentümlichkeiten.

Diese vielen Grammatikstunden sind notwendig, weil das Latein noch nach alter, ganz unpsychologischer Art gegeben werden muß.

Es geht hier noch nach der mittelalterlichen Methode: Regel, Beispiele, Übungen. Anders kann man den Neun- und Zehnjährigen eine Fremdsprache nicht beibringen. Da die Regeln keine psychologische Verknüpfung bei unseren deutschen Jungen finden können, müssen sie mechanisch auswendig gelernt werden. Bekanntlich wird mechanisch Gelerntes leicht verwechselt und verlernt. Daher die vielen Wiederholungen. Um das zu beschönigen, führt man immer das Wort an: Repetitio est mater studiorum. Gewiß gehört ein Wiederholen auch zum Lernen, obwohl ich das unverlierbar im Gedächtnis behalte und jederzeit mir wieder in die Erinnerung zurückrufen kann, was ich einmal wirklich gelernt, d. h. mit dem Verstande und dem Gemüte erfaßt habe. Das rein mechanisch Gelernte allerdings muß immer und immer wieder neu aufgefrischt, über die Schwelle des Bewußtseins gehoben werden. Das mechanische Lernen ist aber eine ganz unpsychologische Art und Weise, die man in der Pädagogik überall überwunden hat; nur in den alten Sprachen hält sie sich noch.

Fast die ganze römische Literatur ist eine Nachahmung der griechischen. So spricht der Geist des Altertums in seiner reinsten und schönsten Ausbildung durch die melodische und kraftvolle Sprache der Griechen zu uns. Will das Gymnasium seine Schüler in diesem Geist erziehen und durch die Vermählung dieses und des deutschen Geistes zu sittlichen Charakteren gestalten, so muß es auf Beherrschung der griechischen Sprache und Literatur sein Hauptgewicht legen. Statt dessen ist Griechisch, das 3 Jahre nach dem Latein beginnt, mit seinen 36 Stunden (nur in Württemberg 38) zu den 68 (Württemberg 60) Stunden Latein Stiefkind. Griechisch.

Und doch welches reiche Schrifttum in glänzender Form, voll tiefer Gedanken!

Da sind die epischen und lyrischen Dichter, der unsterbliche Homer an der Spitze, dann die großen Dramatiker Äschylos, Sophokles, Eurypides und der witzige Aristophanes. Die Geschichtschreiber Herodot, Thukydides, Xenophon. — Welcher Junge hat nicht dessen Anabasis mit größter Teilnahme gelesen! Endlich die philosophischen

Werke eines Plato, eines Aristoteles. Dabei wollen wir auch nicht die Reden eines Demosthenes vergessen.

Und dazu noch die Berührung mit den anderen Künsten, der Baukunst, der Bildhauerkunst, der Malerei! Bietet aber das Lesen der philosophischen Schriften nicht die beste Gelegenheit, unsere Primaner in philosophisches Denken einzuführen, viel besser als das besondere Fach der Propädeutik?

Es ist verwunderlich und läßt sich nur mit der Macht der Überlieferung erklären, daß Latein einen so großen Raum in unseren Gymnasien einnimmt, Griechisch einen verhältnismäßig so kleinen. Und was das Merkwürdigste ist, die Schule, die ihren Namen von einer Bildungsstätte Athens trägt, das Gymnasium, hat bei dem letzten Versuche einer Schulreform gerade das Griechisch geopfert. Nicht das Latein ist gekürzt worden, das es mit seinen vielen Wiederholungen sehr wohl vertragen hätte, sondern das Griechische. Man hat seinen Beginn um ein Jahr hinausgeschoben. Obwohl man die griechische Formenlehre auf diese Art um 240 Stunden verkürzt hat, stellt man für die Bewältigung des Lesestoffes die gleichen Anforderungen wie früher. Und dieser Stoff ist nicht verringert worden, es sind dieselben Schriftsteller, die der Gymnasiast vor 40 Jahren auch las *).

---

*) Vergleichen wir Lehrplan und Lehraufgaben des Gymnasiums im Griechischen. - Es beginnt mit Untertertia und hat in Preußen und Württemberg in jeder der Tertien 6 Stunden, das sind 2 Stunden weniger als Latein, in den Sekunden und Primen hat es je eine Stunde weniger als Latein. In Bayern kommt es in Unter- und Oberprima dem Lateinischen gleich und steht in den anderen Klassen nur um eine Stunde zurück. Sachsen läßt es in Untertertia bis Untersekunda je 2, in Obersekunda bis Oberprima je 1 Stunde zurückbleiben. Hessen hält in allen Klassen eine Spannung von 1 Stunde zu Ungunsten des Griechischen aufrecht. Die Lehraufgaben sind in allen Staaten fast gleich. Schon im 2. Jahre beginnt das Lesen. Das erste Buch ist die Anabasis, ihr schließt sich in Untersekunda Homer an, dann folgt Herodot und darauf Thukydides. Als erster Redner kommt Lysias, später Demosthenes. Von den Lyrikern wird eine Anthologie gelesen, die drei großen Dramatiker kommen auch zu Wort, am meisten

Fiel nun damals, als Griechisch in Quarta begann, einem Schüler das Verständnis eines Demosthenes, Sophokles und gar eines Platon nicht leicht, hieß es da wirklich in heißem Mühen sich den Inhalt zu eigen machen, die Gedanken erarbeiten, so ist es jetzt natürlich noch viel schwerer. Die Schriftsteller müssen häufiger gewechselt werden. So kommen die Schüler gar nicht dazu, sich einzulesen. Und weiter haben sie mit dem Formalen so zu kämpfen, daß ihnen der reiche Gedankeninhalt wohl kaum zum Bewußtsein kommt. Und das ist in jeder Weise zu bedauern. Denn die griechische Poesie und Prosa enthält so vieles Schöne und Tiefe, das wirklich geeignet ist, unser Eigenes zu mehren. Will das Gymnasium durch eine Vermählung des klassischen Altertums und des Deutschtums die Bildung seiner Zöglinge formen, so muß es ganz anders als jetzt sich mit griechischem Geiste und Wesen durchdringen und muß den Latinismus zurücktreten lassen. Denn nicht auf der römischen, sondern auf der griechischen Bildung beruht die Antike, und dem griechischen Geiste ist der deutsche gleichgestimmt, während er dem römischen abgeneigt ist. Daher muß Griechisch das Hauptfach des Gymnasiums sein, muß vor dem Latein beginnen und muß mit überwiegender Stundenzahl durchgeführt werden.

Bei den neueren Sprachen erinnert uns das Überwiegen des Französischen über das Englische und das verschwindend wenige Russisch und Italienisch an die Zeit Ludwigs XIV. und Napoleons. Wir denken daran, daß der Humanismus durch das Franzosentum abgelöst wurde und daß dessen Einfluß den Höhepunkt eben erst überschritten hatte, als die Schulreform einsetzte. Wie früher Latein die internationale Sprache war, so war es jetzt das Französisch, und folglich gehörte es zur Bildung, Französisch zu verstehen. Nur so ist es erklärlich, daß Französisch als erste oder alleinige

Das alte Weltbild im Französischen.

Sophokles, erst neben ihm Euripides und Äschylos. Endlich sind die Philosophen zu nennen. Platonische Dialoge und Aristoteles. Neben der Gleichheit fällt uns die reiche Fülle auf, die in Bayern beängstigend wirkt.

lebende Fremdsprache an allen Schulen gelehrt wird und daß seine Stundenzahl die des Englischen bei weitem übertrifft*). Aus der alten geschichtlichen Bedeutung heraus ist's auch nur zu erklären, daß unsere höheren Schulen dicht an der russischen Grenze wohl Französisch, aber nicht Russisch lehrten. Auch die Zurücksetzung des Englischen, das doch die Sprache unseres westlichen Nachbarn an Verbreitung und Bedeutung bei weitem übertrifft, beruht nur auf dem alten Beharrungsgesetz, weil eben die Welt ganz anders war vor 100 Jahren als jetzt.

Das alte Weltbild in der Geschichte.

In den Geschichtslehrplänen lebt das alte Weltbild auch jetzt noch trotz der neuesten Erlasse der alten und neuen Regierung kräftig weiter. Die griechische und die römische Geschichte, und da besonders die Geschichte der Republik nehmen einen unverhältnismäßigen Raum ein. Am reinsten prägte sich der alte humanistische Geist im Geschichtslehrplan des sächsischen Gymnasiums aus. Die alte Geschichte begleitete den sächsischen Gymnasiasten von Sexta bis Prima, wo sie in der Reifeprüfung eine große Rolle spielte. Die genaue Kenntnis des alten Griechenlands und Italiens und des alten athenischen und römischen Stadtplanes war eine Selbstverständlichkeit. Doch wenn dieser Humanismus in Reinkultur auch überwunden ist, immer noch wird alte Geschichte getrieben, als ob wir noch im Anfang des 19. Jahrhunderts lebten. Die Welt ist anders geworden, und das Altertum hat für uns nicht mehr die Bedeutung. Warum müssen unsere kleinen Jungen und Mädchen noch die griechischen und römischen Sagen lernen? Wenn der Gymnasiast sich damit beschäftigen muß, so verstehe ich das. Der hört und liest später die Namen und Geschichten. Zwar wäre es dann auch noch Zeit, und der deutsche Unterricht im Gymnasium brauchte seine kostbaren Stunden nicht diesen Dingen zu opfern — aber beim Gymnasiasten läßt es sich immerhin noch verstehen. Warum aber der Oberrealschüler und die Schülerin unserer höheren Mädchenschulen

---

*) Im Gymnasium kommen auf 20 Stunden Französisch 6 wahlfreie Stunden Englisch, im Realgymnasium ist das Verhältnis 29:18, in der Oberrealschule 47:25, im Lyzeum 32:16.

mit diesen Dingen geplagt werden, die ihrer Gedankenwelt so ganz fern liegen, warum sie Namen lernen müssen, die ihnen fremd sind und fremd bleiben — das kann man nur aus der alten Überlieferung verstehen. Wie mächtig die noch ist, zeigt der Geschichtslehrplan der preußischen Lyzeen. Da ist für die 5. Klasse griechische und römische Geschichte angesetzt. Die elfjährigen Mädchen hören da, zumeist zum ersten Male in ihrem Leben, von Aristides, Aristoteles, Themistokles, Perikles, Miltiades, Leonidas, Epaminondas und wie die griechischen Helden alle heißen, verwechseln sie fortwährend und betonen sie falsch. Nun kommt noch die römische Geschichte hinzu, die ihnen auch eine Menge Namen bringt. Auf dem Lyzeum hören die Mädchen nach der 5. Klasse nichts mehr von der alten Geschichte. Mit welchen Kenntnissen wohl verlassen sie die Schule? Was nehmen sie mit ins Leben hinaus, und was bleibt ihnen dort? Diese alte Geschichte in der 5. Klasse ist völlig zwecklos. Aber sie muß gegeben werden und unsere kleinen Mädchen müssen damit geplagt werden, weil der Neuhumanismus im Griechen- und Römertum sein Ideal sah.

Das alte Weltbild in der Erdkunde

Die Wissenschaften, die vor 100 Jahren gar keine oder nur geringe Bedeutung hatten, sind Erdkunde und Naturkunde. Deutlich spiegelt sich das im Lehrplane unserer höheren Schulen, am deutlichsten in dem der ältesten, des Gymnasiums. Früher hörte die Erdkunde in Obertertia auf. Von den fremden Erdteilen erfuhr nur der Quartaner etwas. Es war so recht bezeichnend für unsere Diplomaten, daß einer unserer Gesandten in einem großen überseeischen Weltreiche sagen konnte, bei seiner Ernennung habe er von diesem Lande nur das gewußt, was er einst in der Quarta des Gymnasiums gelernt hätte. Später hat man den erdkundlichen Unterricht um ein Jahr, bis Untersekunda, verlängert, hat ihn aber dafür in Obertertia und Untersekunda einstündig gemacht. Auch das Realgymnasium läßt ihn in Untersekunda enden, und nur die Oberrealschule führt ihn, allerdings nur einstündig, bis Oberprima durch. Da ist das Lyzeum mit zweistündigem Unterricht auch in der höchsten Klasse bevorzugt und ebenso das Oberlyzeum, das noch in seiner 3. Klasse zwei Stunden und erst in den beiden obersten Klassen je eine Stunde hat. Wir sehen, die Erdkunde ist schlecht bedacht. Das ist um so merkwürdiger, weil wir Deutschen in der Wissenschaft entschieden an der Spitze stehen. Auch hier ist nur die eine Erklärung möglich: das Beharrungsvermögen, das unsere Lehrpläne noch auf dem Standpunkt vor 100 Jahren festhält.

Das alte Weltbild in der Naturkunde.

Wie der Erdkunde ergeht es auch der Naturkunde.

Die Kirche und besonders das Kloster waren der Natur abgeneigt, ja feindlich. Das bemerken wir noch jetzt in dem Lehrplane des Gymnasiums. Auch das Mittelalter und die Neuzeit bis Klopstock und Goethe sahen in der Natur, in Wald und Flur, nur das Wilde, den Menschen Feindliche. Welche Stellung nimmt nun der Gymnasiast zur Natur ein, was erfährt er von ihr? Herzlich wenig. Die Naturkunde hört schon in Untertertia auf, denn in Obertertia ist die Lehraufgabe die Lehre vom Bau des menschlichen Körpers. Was da haften bleibt, zumal bei den anderen vielen und schweren Fächern, die den Schüler von Obertertia ab sehr in Anspruch nehmen, kann man sich denken. So steht der humanistisch Gebildete der Tier- und Pflanzenwelt ganz hilflos gegenüber. Auch bei dem Realgymnasiasten und dem Oberrealschüler ist es nicht viel anders; denn die zwei Stunden in Untersekunda können ein tieferes Wissen auch nicht begründen. Nimmt man hinzu, daß viele unserer Kinder in der Großstadt aufwachsen, fern von der Natur, so erklärt sich die erschreckende Unkenntnis und Naturfremdheit. Auch die Nichtachtung von Tier und Pflanze, wie man sie in der Umgebung jeder Großstadt tagtäglich beobachten kann, ist nur dadurch zu verstehen. Von neun Schülerinnen der Prima einer Studienanstalt konnte nur eine einen Finken von den Sperlingen unterscheiden, eine ganze Anzahl verwechselten Fichten und Kiefern, Eichen und Buchen. In Berlin wachsen jährlich Tausende von Kindern heran, die kein Kornfeld gesehen haben. Als einmal eine Ziege durch die Straßen des Berliner Nordens getrieben wurde, folgten ihr Hunderte von Kindern, die so ein Tier noch nicht erblickt hatten. Bekannt ist die Entscheidung des einen Berliner Jungen, als sich zwei andere darüber stritten, ob dies Tier auf der Wiese ein Pferd oder eine Kuh sei: „Ein Pferd ist's nicht, denn es hat keine Droschke hintendran!"

Ja, die Lehrpläne unserer höheren Knabenschulen erinnern in

ihrer seltsamen Einschätzung der Natur sehr an den Mönch im Kloster, oder an den weltabgewandten Gelehrten, der nur seinen Büchern lebte.

Daran erinnert auch die Wertung des Zeichnens, das für den Humanisten ein sehr nebensächliches Ding ist, und das sich darum mit je zwei Stunden in vier Klassen des Gymnasiums (Quinta bis Obertertia) begnügen muß.

Das alte Weltbild und die Künste und Fertigkeiten.

Singen ist nur in Sexta und Quinta verbindlich. So kommt es, daß in Deutschland ein großer Teil der Männerwelt nicht singen kann, daß die Pflege der Künste und besonders der Musik, der Frau überlassen ist; denn die höhere Mädchenschule hat sowohl Zeichnen wie Singen als Pflichtfach, die sich auch ins Oberlyzeum fortpflanzen. Die höheren Mädchenschulen als die jüngsten Schöpfungen sind am meisten vom neueren Geiste berührt. Die höheren Knabenschulen stehen noch um 100 Jahre zurück. Sie sind den großen Veränderungen nicht gefolgt, die im Weltbilde eingetreten sind.

Aber die Schule ist auch nicht den großen Veränderungen gefolgt, die mit unserem Volk vorgegangen sind. Weder dem Wachsen des deutschen Volkes auf der Erde, noch der Entwicklung unseres Volksbewußtseins hat sie nachkommen können. Weil es vor 100 Jahren kein Deutschtum über See gab, so erfahren wir auch jetzt nichts vom Auslandsdeutschtum. Oder vielmehr es geschieht außerhalb der Lehrpläne durch den Lehrer, der die alte Form mit seinem neuen Geist erfüllt. Unsere Sprache ist schon längst eine Weltsprache, die mit dem Englischen um den Vorrang streitet. Aber die Schule weiß nichts davon. In den weiten Gebieten des europäischen Nordens und Ostens ist sie die herrschende Fremdsprache, unsere Krieger haben's mit Staunen gemerkt. In der nordamerikanischen Union hat sie neben dem Englischen die weiteste Verbreitung. Aber auch in den anderen Ländern Amerikas und den übrigen Erdteilen wird sie viel gesprochen. Entspricht dem die Stellung des deutschen Unterrichts? Nein! Unsere Bildung beruht doch immer noch auf den fremden Sprachen. Ich sehe ganz von der Frage ab, ob diese sprachliche Schulung jetzt noch der

Das Volksbewußtsein und die Schule.

Die Bewertung a) der Muttersprache im Unterricht.

richtige Bildungsweg ist. Aber daß die überwiegend fremdsprachliche Bildung nicht der Weg ist, um unsere Jugend zum bewußten Deutschtum zu erziehen, das ist klar.

Drei fremde Sprachen muß der junge Deutsche gelernt haben, wenn er als vollberechtigter Bürger die deutsche Hochschule beziehen soll. Ehe er seine Muttersprache nur halbwegs kennt, fallen die fremden mit Gewalt über ihn her. Unsere kleinen neunjährigen Büblein müssen sich mit dem Fremden abplagen, müssen fremde, unverständliche Ausdrücke lernen, schon allein, um die Worte und Satzteile der deutschen Sprache zu bezeichnen.

Unsere Muttersprache soll ja nach den schönen Worten der Lehrpläne im Mittelpunkt des Unterrichts stehen. Aber in Wirklichkeit sind es entweder die fremden Sprachen oder die Mathematik oder die Naturwissenschaften. Das Deutsche kann es ja gar nicht. Das zeigt schon ein Vergleich der Stundenzahl, die den Fremdsprachen und die dem Deutschen gewidmet ist. Die preußischen Gymnasien haben wöchentlich 124 Stunden Fremdsprachen, aber nur 24 Stunden Deutsch. Bei den bayrischen Gymnasien ist das Verhältnis 112 zu 31, bei den hessischen 127 zu 27, und bei den württembergischen 129 zu 25. Es kommen also auf jede Klasse durchschnittlich drei Wochenstunden Deutsch und 15 Stunden Fremdsprachen. Was kann aber der deutsche Unterricht mit drei Stunden oder gar nur zwei Stunden bieten? Wie können die Schüler in das tiefere Verständnis ihrer Muttersprache, in ihr Wachsen und Werden eingeführt werden? Man kann sich ja nur an der äußersten Oberfläche halten. Mit Mühe und Not kann etwas Grammatik getrieben werden, können einige Lesestücke behandelt, einige Gedichte gelernt, ein oder zwei Dramen gelesen werden. Alles das, was uns die Muttersprache lieb und wert, was die toten Zeichen und Klänge lebendig machen kann, das darf nur ein verstohlener Gast sein.

b) der deutschen Geschichte.

Auch der Geschichtsunterricht vermag uns kein Bild zu geben von der Bedeutung unseres Volkes und seiner Kultur.

Wir sehen jetzt die alten Deutschen aus der Zeit der Römerkämpfe, die Stämme der Völkerwanderung mit ganz anderen Augen an. Uns sind sie nicht mehr die Barbaren und Halbwilden, als die man sie hinzustellen beliebte. Wir haben auch eine höhere Auffassung von der deutschen Geschichte des Mittelalters. Uns sind die Römerzüge, die Kämpfe zwischen Kaiser und Papst, nur die eine Seite und nicht die Hauptsache. Wir wissen, daß unser Volk im Mittelalter große Kulturaufgaben erfüllt hat, deren allerdings in der Geschichte fast gar nicht gedacht wird. Wir sind stolz auf unsere tapferen deutschen Ritter, die uns nicht nur als Raubritter erscheinen. Wir wissen, wie viel sie zur Besiedelung des Ostens beigetragen haben; wir fangen an zu begreifen, wie viel wir dem deutschen Ritterorden verdanken. Wir fangen aber auch an, diesen Orden und dieses ganz ausgezeichnete Staatswesen zu bewundern. Nur das begreifen wir nicht, daß die deutsche Schule nichts davon erzählt. Wir verstehen nicht mehr, daß ein Bild der Akropolis oder des Tempels von Pästum in jeder höheren Schule, zum mindesten in jedem Gymnasium hängt, daß man aber die Wartburg und die Marienburg nur selten findet.

Wir wollen mehr hören, als wie es jetzt üblich ist, von den deutschen Balten, von den Siebenbürgern, von den Deutschen im Banat. Wir möchten auch etwas von der deutschen Besiedelung Amerikas erfahren. Wir wollen die Auslandsdeutschen nicht als Kultur- und Völkerdünger verschwendet wissen. Wir fühlen es mit tiefem Bedauern, daß die Schule wie für die Muttersprache so auch dafür keine Zeit hat.

c) der deutschen Landeskunde.

Wir sind aber auch stolz auf unser **deutsches Land** geworden. Nicht nur Dichter und Maler entdecken der Heimat Schönheit, der Deutsche selbst durchwandert das Vaterland, immer wieder sich der herrlichen Wälder und der grünen Auen, der Ströme Silberbänder und der stolzen Städte freuend. In uns ist ein neuer Stolz und eine neue Liebe zu unserm deutschen Land erblüht. Wir möchten es so recht kennen und lieben lernen. Aber die Schule kann uns da nicht den Weg leiten. Sie muß ihren Vorschriften gehorchen — die lassen keinen Raum und keine Zeit.

d) der deutschen Kunst.

Sie lassen auch keinen Raum für die **deutsche Kunst**. Wer hat jemals auf der Schule etwas von unsern deutschen Meistern erfahren? Wer hat mehr als den Namen von Holbein, Dürer, Veit Stoß, Tilmann Riemenschneider, Erwin von Steinbach gehört? Gilt nicht auch da die griechische Kunst als unerreichtes Muster? Und sind die italienischen Maler nicht die unübertroffenen und unübertrefflichen Vorbilder? Aber in unserem künstlerischen Bewußtsein hat sich eine Wendung vollzogen. Die toten Masken der Griechen scheinen uns nicht über den ausdrucksvollen Gesichtern eines Tilmann Riemenschneider zu stehen.

e) der deutschen Musik.

Genau so steht es mit der deutschen Musik. Von der Bedeutung deutscher Tonkunst, von ihrer Schönheit und Erhabenheit, von ihren großen Meistern, davon, daß die deutsche Musik eine führende Stellung hat, von alledem erfährt der junge Deutsche nichts. — Dafür hat die Schule keine Zeit.

Ja, wir fühlen es mit Schmerzen, die Schule ist dem Wachsen unseres Volksbewußtseins nicht gefolgt.

Fremdes Bildungsziel.

Woher kommt es, daß die Schule so zurückgeblieben ist, so ganz andere Wege gegangen ist? Sie verfolgt ein anderes Bildungsziel. Sie will die anvertraute Jugend zum idealen Menschen bilden. Es ist noch der Mensch des Humanismus, der sich über die engen Schranken der Völker und der Heimat erhob und Bürger einer unsichtbaren Republik war. Seine geistige Heimat war Hellas und Rom, dort wandelte er auf der Menschheit Höhen dahin, in jene heitere und große Welt flüchtete er vor der Kleinheit und Enge des Lebens. Grieche oder Römer, das war das Ideal, dies Gefühl nahm die deutsche Jugend von der höheren Schule mit fort.

So ist es immer gewesen. Nicht bodenständig hat sich unser höheres Schulwesen entwickelt. Schon die erste Schule brachte fremdes Wesen und fremde Bildung in unser deutsches Land. Die römische Kirche mit ihrer römischen Sprache erzog sich zu ihrem Dienste junge Deutsche, die aus ihrem Volkstum in eine andere Welt, in die Kultur eines anderen Volkes gepflanzt wurden.

Mit dem Humanismus am Ausgang des Mittelalters ward es nicht besser. Im Gegenteil. Er hat wiederum die Bildung des deutschen Menschen auf einen fremden Grund gestellt. Er hat die zarten Pflänzlein der deutschen Jugend aus dem mütterlichen Boden, aus dem freien Wachstum der Heimat gerissen und sie in das Treibhaus eines anderen Volkstums gesetzt. Und so sehr waren diese Männer deutschem Fühlen und Denken entfremdet, daß sie ihren guten und ehrlichen Vatersnamen in lateinisches oder griechisches Gewand als das vornehmere steckten. Der Humanismus hat die Kluft gerissen, die durch unser Volk seither geht, die Gebildet und Ungebildet scheidet. Gebildet ist der, der eine Sprache redet, die der andere nicht versteht. Die falsche Aussprache, der unrichtige Gebrauch von Fremdwörtern kennzeichnet in Deutschland den Ungebildeten. Wie sehr man seinem Volkstum entfremdet war, sehen wir daraus, daß der Teil der führenden Stände, der sich von der Herrschaft des Humanismus frei machte, sich als Grundlage seiner Bildung wieder ein anderes Volkstum wählte, das französische. Der größte Deutsche nach Luther, unser unvergleichlicher Friedrich, konnte seine tiefsten und heiligsten Gefühle nicht in seiner Muttersprache ausdrücken.

Doch das französische Ideal versank im Blut und Pulverdampf der napoleonischen Kriege. Damals tauchte wohl der Gedanke einer deutschen nationalen Bildung empor, aber durchsetzen konnte er sich nicht. Es kam der Neuhumanismus, der wiederum die fremde Kultur zur Grundlage deutscher Schulbildung machte. Und so ist es im wesentlichen geblieben bis heute.

Wir können es ja verstehen, daß man vor 100 Jahren kein anderes Bildungsziel aufstellte. Gut war es und schön, und auch außerordentlich segensreich ist es gewesen. War die Zeit noch nicht reif für die nationale deutsche Bildung unserer Jugend, war Deutschland noch nichts Festes, sondern nur ein schmenhafter geographischer Begriff, so war dieser ideale Neuhumanismus tausendmal besser als eine abgestempelte bayrische, sächsische, württembergische oder königl. preußische Erziehung mit dem engen Vaterlandsbegriff der damaligen Zeit. Aber was vor 100 Jahren gut war, braucht jetzt nicht mehr richtig zu sein. Und es ist's auch nicht! Welt und Leben sind weiter geschritten. Das Gymnasium und die anderen höheren Schulen sind nicht mehr die, welche sie vor 50 Jahren waren und die sie nach den Lehrplänen sein sollen. Schüler und Lehrer und Eltern sind ganz, ganz andere geworden. Der Geist des Humanismus, der noch vor zwei Menschenaltern in den Häusern der Gebildeten lebte, ist längst dahin. Nur bei den Altphilologen kauert er da und dort noch in der Ecke des Studierzimmers. Wir, Lehrer und Schüler, fühlten uns im neuen Deutschen Reiche als Deutsche, waren stolz auf unser Volk und seine Taten. Nicht die Schule hat uns das gelehrt, aber ein Bismarck, ein Zeppelin, unsere Schiffahrt, unser Welthandel, unsere Industrie. Wir hatten erkannt, daß wir ein Volk geworden waren, stark und groß, fest auf eigenem Boden stehend und weit hinwachsend über die Erde. So haben wir das alte Bildungsziel schon verlassen, streben in Wirklichkeit schon gar nicht mehr danach. Das ist ja die Tragik unseres Gymnasiums, daß es ein Ziel verfolgt, das längst überwunden ist, auch von der Schule.

Unpsychologische Lehrpläne.

Das falsche Bildungsziel der Schule hat auch unsere Lehrpläne falsch gestaltet. Sie sind unpsychologisch, berücksichtigen nicht die Kindesnatur. Ja, man verlangt von Kindern mehr als von Erwachsenen.

Der Erwachsene geht im Beruf, in der Arbeit auf, die er sich erwählt, zu der er sich berufen gefühlt hat. Hat einer seinen Beruf verfehlt, muß er in ungeliebter Arbeit sich mühen, wird er allgemein bedauert. Man weiß, daß nur in der Arbeit jemand etwas leistet, für die er innere Anteilnahme hat. Bekannt ist auch, daß der Mensch nur das leicht ins Gedächtnis aufnimmt und fest in ihm behält, wofür ihn innere Teilnahme bewegt. Gegen diesen Grundsatz sündigen unsere höheren Schulen alle. Sie knüpfen nicht an die Interessen der Schüler an. Sie können es vielfach nicht, weil die des Hauses und der Schüler und die der Schule ganz auseinanderliegen. Durch das Haus geht der volle Strom des modernen Lebens. Da ist für Griechentum und Römerwesen, für die alten Schriftsteller und Dichter kein Platz und keine Zeit. Unsere Jungen lesen Kriegsbücher und Reisebeschreibungen und Tiergeschichten, sie bauen U-Boote, Kriegsschiffe, Dampfmaschinen, Flugzeuge, Autos, kleine elektrische Spielzeuge — an das Altertum denken sie mit keinem Gedanken. Unsere Jugend schwärmt für unsere deutschen Helden! Bismarck, Moltke, unser alter Kaiser, Hindenburg, Zeppelin, das sind ihre Vorbilder, — Scipio, Caesar, Alexander, Themistokles, wie unendlich fern liegt das ihr! Was ist die Schlacht von Thermopylae gegen die Kämpfe in Flandern? Was die Schlacht bei Cannä gegen die Tannenberger Schlacht? Und nun kommt die Schule und will von ihnen Teilnahme verlangen für das, worauf sie Wert legt. Der normale Sextaner hat keinen Funken Interesse für das Latein, das ihm tagtäglich vorgesetzt wird. Man frage einmal das Haus, frage einmal die Mütter. Dieses Hineinquälen eines fremden, widerstrebenden Lehrstoffes in unsere Jugend ist eine schwere pädagogische Sünde. Sie führt zu jenem mechanischen Lernen, zu den unendlichen Wiederholungen, zu jener vergeblichen Quälerei, der Sisyphusarbeit, die Lehrern und Schülern die Schule verleidet.

Noch mehr aber vergehen wir uns gegen die Grundsätze jeder vernünftigen Erziehung durch das Vielerlei, das wir unseren Kindern aufdrängen. Neun verschiedene wissenschaftliche Fächer werden am Gymnasium, Realgymnasium und Oberlyzeum getrieben: Religion, Deutsch, Französisch, Geschichte, Erdkunde, Mathematik, Naturkunde, und dazu noch entweder Latein und Griechisch, oder Latein und Englisch, oder Pädagogik und Englisch. Acht sind es in der Oberrealschule und im Lyzeum. Dabei umfaßt die Naturkunde eigentlich drei besondere Fächer: Botanik, Zoologie und Chemie. Mit sechs dieser Lehrfächer zugleich muß in den Mittel- und Oberklassen jeder Schüler und jede Schülerin sich beschäftigen und soll womöglich jedem die gleiche Teilnahme bezeigen, die außer bei strebsamen Menschen dann nur rein äußerlich sein kann. Das Vielerlei.

Dieses Vielerlei der Fächer hat auch noch zwei andere Nachteile. Es kann den einzelnen Unterrichtszweigen nicht die nötige Zeit zugemessen werden, das duldet der Stundenplan nicht. So muß in ihnen so schnell als möglich vorgegangen, vieles dem häuslichen Fleiß überlassen werden, was eigentlich in der Schule erarbeitet werden soll. Dadurch wird die Schule entgegen den Absichten aller Beteiligten zur Lernschule. Zweitens aber läßt das Vielerlei keine Vertiefung zu. Unsere Schüler werden schon durch den Unterricht selbst zu sehr abgelenkt. Sie müssen sich jeden Schultag in fünf Fächer neu einstellen und zwar in raschestem Wechsel. Religion, Latein, Deutsch, Mathematik, Französisch, wie Keine Vertiefung.

kann da ein wirkliches Vertiefen in den Stoff möglich sein, zumal da nach 45 Minuten die Umstellung erfolgen muß. Wie oft kann man beobachten, daß die Gedanken der Schüler noch im vorhergehenden Fache sind, daß sie z. B. im Lateinischen mit einer französischen Form antworten wollen. Doch dieselbe Umstellung ist am Nachmittag bei den häuslichen Arbeiten wieder nötig. Da heißt es, von 3—$^1/_2$4 Sätze ins Lateinische zu übersetzen, von $^1/_2$4—4 Sätze aus dem Französischen ins Deutsche und französische Formen lernen, 4—$^3/_4$5 Mathematik, $^3/_4$5—5 deutsches Gedicht lernen, 5—$^1/_4$6 Erdkunde. Da ist gar keine Zeit, daß der Schüler sich eingehend mit einem Fach beschäftigen kann. Er lernt nur und lernt. Diese Lernarbeit stumpft ab, und so sucht er naturgemäß in irgendeinem anstachelnden Genusse Erholung, im Rauchen, im Alkohol oder sonstwie. Es ist bezeichnend, daß in der Zeit der größten Überbürdung das Verbindungswesen auf den Schulen blühte. Ebenso ist's nicht verwunderlich, daß unser in Arbeit abgestumpftes Volk ins Kino geht, wie der Berliner in eine Sensation. Zum wirklichen Kunstgenuß gehört Zeit, auch Zeit zur geistigen Vorbereitung.

Die Allgemeinbildung.

Diese vielen Fächer bringen natürlicherweise einen viel zu umfangreichen Wissensstoff mit sich. Das ist wohl allgemein als Übel erkannt und zugegeben, aber gebessert ist nichts worden, im Gegenteil, immer Neues wird der Schule aufgebündelt. Es hängt das mit der Allgemeinbildung zusammen, einer Sache, die wir auch seit Großvaters Zeiten mit uns schleppen. Damals, zur Zeit des Neuhumanismus, war die Bildung, die er gab, die allgemeine, die für den Gebildeten genügte. Sie war einheitlich und beschränkt, die des klassischen Altertums. Aber im Laufe der Jahre, als die anderen Wissenschaften wuchsen und sich ausbreiteten, konnte sie nicht mehr genügen. Die neue Zeit fügte immer neue Stoffe hinzu, deren Besitz auch zur Allgemeinbildung gehörte. Zuletzt hat man den ganzen Wissensstoff der Allgemeinbildung doch nicht in ein Schulsystem einzwängen können, und so sind die Realgymnasien und Oberrealschulen als gleichberechtigte Bildungsanstalten neben das Gymnasium getreten. Die Allgemeinbildung hat sich nun so aufgelöst, daß ganz verschiedene Bildungswelten entstanden sind, die sich kaum mehr berühren. Der Gymnasiast und der Oberrealschüler stehen sich auch im Leben oft verständnislos gegenüber, und das ist ein großer Schaden. Auch in der Volksschule hat sie zu einer Stoffüberhäufung und zu einer Verfrühung geführt, die dem Mechanismus und der Oberflächlichkeit Tür und Tor geöffnet haben. Ein Volksschüler hat auch fast alles gehabt. So sind die Lehraufgaben der 1. Klasse:

Stoff-überhäufung.

In Religion Prophetie (Amos, Jesaias, Jeremias), der babylonische Prophet, die Messiashoffnung, das religiöse Empfinden des Volkes Israel nach den Psalmen, die Bergpredigt, die Gespräche Jesu, die Gründung der christlichen Kirche, darin ein Lebensbild des Paulus, die Christenverfolgung des Nero, Entstehung des Papsttums und des Mönchtums, dann Kirchengeschichte von Luther an bis zur Union, endlich die äußere und innere Mission der Kirche, der Gustav-Adolf-Verein, der Evangelische Bund, die Verfassung der Kirche. Sind das nicht Stoffe, die zumeist über dem Horizonte der Dreizehnjährigen liegen? Im Lyzeum werden diese Gebiete in der 2. und 1. Klasse, also mit Mädchen behandelt, die ein und zwei Jahre älter sind, in den höheren Knabenschulen in Unter- und Oberprima.

Die Geschichte behandelt in dieser Klasse die Zeit vom Ausbruche der Französischen Revolution bis zur Regierung Wilhelms II. einschließlich, einen ungeheueren Stoff mit den schwierigsten Verfassungsfragen. Ein wirkliches Verständnis kann doch bei den Kindern nicht erreicht werden. Es wird nur auswendig gelernt. Kein Wunder, daß die Kinder dann der Parteiaufklärung so schnell und so restlos verfallen.

In der Erdkunde muß die Fülle des Stoffes in den beiden obersten Klassen ein oberflächliches Wissen, ein Reden über die Dinge weg hervorrufen. Das Ziel der zweiten Klasse ist Europa und die fremden Erdteile, wobei z. B. die Schweiz, Österreich-Ungarn, Italien, die Pyrenäenhalbinsel, die Balkanhalbinsel und Rußland in der Zeit von Ostern bis Pfingsten erledigt werden. Klasse 1 hat als Ziel: Abschließende Heimatkunde, Deutschlands Stellung im Weltverkehr, Kulturzustände. Außerdem muß der Lehrstoff der 2. Klasse planmäßig wiederholt und befestigt werden. Es soll zu Anfang jeder

Stunde ein bestimmtes Gebiet übersichtlich kurz wiederholt werden. So stürmt also auf die Dreizehnjährigen eine ungeheuere Stoffmasse ein, wobei eine gründliche Behandlung der einzelnen Gebiete unmöglich ist, nämlich die Erdoberfläche und dazu die wichtigsten Gebiete aus der mathematischen Erdkunde.

In der Naturkunde wird im Sommerhalbjahr in der 1. Klasse von der Ackerkrume, der Zubereitung des Bodens, von natürlicher und künstlicher Düngung und Fruchtwechsel gesprochen. Dann wird etwas über den Bau der Erdrinde durchgenommen, dazu Farne, Moose und die Entstehung der Kohlenlager, Kolonialerzeugnisse im heimischen Handel, Zelle, Nahrung der Pflanze, Assimilation, Atmung, Veredlung der Rosen und Obstbäume, Bakterien, Flechten, der Süßwasserpolyp, ein Hohl- und Pflanzentier. Im Winter wird Menschenkunde getrieben. In den höheren Knabenschulen bildet letztere den Lehrstoff für das Winterhalbjahr der Untersekunda, in den Lyzeen für Klasse 2; die Schüler und Schülerinnen sind hier mindestens ein Jahr älter.

Was aber in Physik geboten wird, geht weit über das Verständnis dreizehn- und vierzehnjähriger Kinder hinaus. Man höre: Elektrische Klingel, Telegraph, Telephon, drahtlose Telegraphie, Induktionselektrizität, Röntgenstrahlen, Dynamomaschine, Straßenbahn, Automobil und Luftschiffahrt. Das wird alles in der Zeit von Ostern bis Pfingsten durchgenommen! Im zweiten Vierteljahr wird behandelt: die Dampfmaschine, die Lokomotive, das Dampfschiff, die Turbine, Wind- und Wassermühle, die Räder und der Riemen, Schnur, Kette (ohne Ende), Kraftersparnis bei einfachen Maschinen (die goldene Regel der Mechanik), das Schmelzen, das Schwimmen (spezifisches Gewicht), das Kahnfahren, die Fähre, und dazu aus der Chemie: Glas und Porzellan. Im dritten Vierteljahr wird nur das Sehen und das Hören besprochen, dazu der Stubenspiegel, der Sehvorgang, die Brille und das Mikroskop, aber die Chemie kommt hinzu mit der Verwendung der Nebenprodukte bei der Leuchtgasgewinnung (Koks, Teer, Teerzucker, Sacharin), Anilin, Benzin, Karbol; auch die natürliche und künstliche Düngung wird behandelt.

Wie soll bei dem Alter der Kinder und bei der Fülle des Stoffes etwas Gründliches erreicht werden? Aber es gehört zur Bildung, daß der Mensch und Staatsbürger etwas davon weiß, und so wird das Schulkind unter diese Traufe von Wissensstoff gestellt. Im günstigsten Falle bleibt die Erinnerung daran zurück, daß man in der Schule das 'mal „gehabt hat". Vielmehr wird aber dadurch die Halbbildung hervorgerufen und damit das Besserwissen, der geistige Hochmut, die Unbelehrbarkeit und andere Erscheinungen, wie wir sie gerade auch in diesen Tagen finden. Die Stoffmengen erdrücken geradezu das wirkliche freie geistige Arbeiten und zwingen zu einem mechanischen Betrieb, der ganz unpädagogisch ist.

Mechanisches Lernen.

Weil unsere Schüler so vielerlei und so viel ohne innere Teilnahme lernen müssen, vergessen sie so viel. Weil sie so viel vergessen, muß so sehr wiederholt werden. Bei dem vielen Wiederholen wird zuletzt der widerspenstige Lehrstoff m e c h a n i s c h e i n g e l e r n t. A m m e i s t e n v o r d e r P r ü f u n g. Was und wie sehr wird da abfragbares Wissen in den Schädel eingerammt ohne weiteren Zweck, als für die Prüfung da zu sein. Die Prüfung aber soll doch nur den Beweis bringen, daß jemand seine Gaben und seine Zeit auf der Schule gut verwendet und gelernt hat, richtig zu denken und geistig genau zu arbeiten. Dazu braucht's doch nicht des furchtbaren Lernens und Arbeitens vorher. Gegen Ende der Schulzeit müßte jeder Schüler jeden Tag bereit und imstande sein, eine Prüfung abzulegen. Er wird es auch ohne weiteres in den Fächern können, für die er ein Verständnis hat, das auf innerer Teilnahme gegründet ist. Da dies aber bei nur ganz wenigen Schülern für alle Fächer zutrifft, sind die meisten in vielen Fächern zum mechanischen Lernen gezwungen. Das aber widerstreitet aller Pädagogik. Auch haben die g r ö ß t e n P ä d a g o g e n s i c h s t e t s g e g e n e i n V i e l e r l e i ausgesprochen und immer betont, daß zur Bildung des menschlichen Geistes nur die Arbeit fördernd sei, die in die Tiefe geht. Eingehende Arbeit an wenigem, aber nicht oberflächliche an vielerlei! Wenn unsere Universitäten schon seit Jahren über einen gewissen Tiefstand unserer angehenden Studenten klagen, so rührt der eben von dem Vielerlei und den Stoffmassen her. Der Schüler hat zu lernen und zu arbeiten, zu eigenem Denken kommen die wenigsten. Das lernen sie erst, wenn sie auf der Universität sich in einen Wissenszweig vertiefen können. Und hier zeigt sich ein erfreuliches Maß von Denkfähigkeit. Denn eben diese Männer, über welche die Universitäten geklagt haben, sind später tüchtige Forscher, Denker und Menschen geworden, die ihren Platz im Leben voll ausfüllen. Die geistige Abspannung, durch das Übermaß des Wissensstoffes erzeugt, mit der unsere männliche Jugend die höhere Schule verläßt, würde noch viel mehr zutage getreten sein, wenn nicht den meisten die militärische Dienstzeit eine wohltätige Ausspannung gebracht hätte.

Gegen dieses Vielerlei und die geistige Überlastung, die dadurch hervorgerufen wird, ist ein festes Zugreifen nötig, das in allen Fächern das Überflüssige — und davon gibt es sehr viel — rücksichtslos wegschneidet. Wir müssen eine Menge toten Wissens entfernen, das wir jetzt noch mitschleppen, Urväter-Hausrat.

Überbürdung mit Schulstunden.

Diese Stoffmenge zwingt uns auch zur Überbürdung mit Schulstunden. Zweiunddreißig und mehr Stunden muß unsere Jugend wöchentlich in der Schule verbringen. Dabei haben unsere 16- bis 17 jährigen jungen Menschen durchschnittlich 5 Stunden wissenschaftlichen Unterricht, die Sextaner schon zumeist 4 Stunden. Rechnet man für die Schüler der oberen Klassen durchschnittlich 3 Stunden tägliche Hausarbeit, wie ein gewissenhafter Mensch sie braucht, so gibt das für unsere Jugend in ihrer wichtigsten Entwicklungszeit 8—9 Stunden geistige Anstrengung. Das ist entschieden zu viel *).

---

*) An den preußischen Gymnasien haben nur der Quintaner (21) und der Sextaner (23) unter 24 wissenschaftliche Stunden. Die Schüler der anderen Klassen haben 27 und 28, die Realgymnasiasten und Oberrealschüler sogar bis 29. Die Lyzeen gehen nur bis 24, die Oberlyzeen bis 26 Stunden. In den bayrischen Gymnasien haben der Sextaner und der Quintaner 23, der Quartaner hat 24, die Schüler der anderen Klassen haben 27 und 28 Stunden. Etwas besser sind die Realgymnasien gestellt, die nicht über 26 Stunden hinausgehen, und die Oberrealschulen, die 27 Stunden als Höchstzahl haben. Den Mädchen wird auch hier weniger zugemutet. 20 Stunden finden sich zumeist, 23 ist die Höchstziffer. Württemberg wiederum geht

Hier kann nur eine Verminderung der wissenschaftlichen Stunden helfen. Da muß als Grundsatz gelten: mehr als 4 Stunden täglich wissenschaftlicher Unterricht darf nicht erteilt werden. Rechnet man noch 1—2 Stunden häusliche Arbeit, so ist unsere Jugend täglich 5—6 Stunden geistig beschäftigt, das ist reichlich genug. Wir müssen bedenken, daß es junge Menschen in der Entwicklungszeit sind. Sie haben nicht nur für die Schule zu leben und zu arbeiten, sie haben eine Jugend, sie haben geistig und körperlich zu wachsen. Wachstum ist aber etwas Innerliches. Darum sollen wir auch unserer Jugend Zeit geben zum Wachsen, körperlich und seelisch. Wer in seiner Jugend Zeit und Stille hatte, der ist gewachsen. Unsere großen Denker und Dichter sind vom Lande, aus der kleinen Stadt gekommen. Die Großstadt tötet ein solches Wachstum. In unseren höheren Schulen herrscht in dieser Art auch Großstadtbetrieb. Diese erdrückende Stoffmasse ist unpädagogisch.

Unpädagogisch ist aber auch der Lehrplan durch die übertriebene Wissenschaftlichkeit des Unterrichtes.

Übertriebene Wissenschaftlichkeit.

Unsere höheren Schulen haben ursprünglich nur zur Universität vorbereitet. Sie sollten daher die Schüler wissenschaftlich arbeiten lehren. Das lernten sie zuerst an den alten Sprachen, insbesondere am Latein. Hier wurden sie beinahe zu klassischen Philologen ausgebildet. Als nun die neuen Fächer dazu kamen, wollten diese nicht an Wissenschaftlichkeit hinter den anderen zurückstehen. So wurde auch hier alles wissenschaftlich eingerichtet. Die wissenschaftliche Art

---

an seinen Gymnasien von 23 bis 31, an den Realgymnasien und Oberrealschulen bis 29. Die Mädchenschulen begnügen sich mit 21 bis 26 Stunden. In Sachsen beginnt der Sextaner des Gymnasiums mit 24, der Oberprimaner endet mit 30 und 31 Stunden, der Realgymnasiast hat durchschnittlich eine Stunde mehr. Die hessischen Gymnasiasten haben als Sextaner 22, als Quartaner schon 28 und steigen als Sekundaner bis zu 30 Stunden. Auf dieser Zahl bleiben sie auch als Primaner. Beim Realgymnasium fängt der Sextaner schon mit 25 Stunden an, der Quartaner hat 29, von der Untertertia an sind 30 Stunden festgelegt. Wohlgemerkt! Das sind nur wissenschaftliche Stunden; die technischen — Turnen, Singen, Zeichnen, Schreiben — kommen noch hinzu.

des Unterrichtes ist das Kennzeichen unserer höheren Schulen. Diese Art des Unterrichtes setzt eine gewisse Reife der Schüler, ein bestimmtes Alter voraus. Und das war früher der Fall, wo die Gymnasien nur 6 Klassen hatten und 14jährige Sextaner nichts Seltenes waren.

Da man wissenschaftlich eine Sprache nur in ihrem grammatischen Aufbau verstehen lernen kann, so treiben wir auf den Schulen die Sprachen noch auf diese Art. Wenn das auch für die Fremdsprachen richtig sein mag — ich wüßte nicht, wie man im Massenunterricht mit 4 oder 6 Wochenstunden eine fremde Sprache anders als durch die Grammatik lernen kann — ist's auch für unsere Muttersprache nötig? Wird nicht unsere deutsche Sprachlehre noch vielfach so getrieben wie die einer Fremdsprache? Ist's nötig, daß wir unsere kleinen Jungen und Mädchen auch noch mit den lateinischen Ausdrücken plagen, die ihnen ganz unverständlich sind? Wissenschaftlich klingt ja das lateinische Substantiv, Subject, Adjectiv, Adverb, Praedicat usw. Wie wenig aber die Kinder sie verstehen, zeigen die fortwährenden Verwechslungen z. B. von Substantiv und Subject, Adjectiv, Adverb usw., die sich auch noch in höheren Klassen finden.

Wissenschaftlich ist der Gang der Geschichte vom Anbeginn geschichtlichen Lebens, aber pädagogisch falsch. Unsere Quartaner und Tertianer haben gar nicht die Kenntnisse und die Möglichkeit, sich in das Leben des Altertums zu versetzen, um die Geschichte der Griechen und Römer richtig zu verstehen. Man erzählt ihnen von der Gerusia und den Königen der Spartaner, von dem Areopag, den Archonten, der athenischen Verfassung und ihren Änderungen, von den Kämpfen der Patrizier und Plebejer, von den Gracchen, von der katilinarischen Verschwörung und treibt damit meist ein bloßes Wortwissen, bei dem jede sachliche Anknüpfung fehlt. Man stelle doch einmal fest, welche Vorstellungen die Kinder von Athen und Rom, ihrer Kultur und ihrem Leben haben.

Warum beginnt man nicht mit der Heimatgeschichte, mit der unseres Volkes? Haben wir nicht die besten Anschauungsstoffe bei uns im Lande? Wohl keine Stadt gibt's, in deren Nähe nicht ein

Schloß, eine Burg oder Überreste einer solchen sich befinden. In den städtischen Sammlungen, in alten Schlössern begegnen wir Einrichtungsgegenständen, Kleidungsstücken, Waffen, Rüstungen, daneben Gemälden und Abbildungen aus allen Jahrhunderten. Fast jede Stadt hat noch ein Stück Mauer, ein Tor, einige alte Häuser. Kurz, Stadt und Umgebung bieten so viel Anschauungsstoff, durch den die Schüler leicht in das Verständnis der alten Zeit eingeführt werden können. So wäre es denn pädagogisch richtiger, man nähme das Heimische und Nächstliegende zuerst. Aber das ist nicht wissenschaftlich. Natürlich spukt auch noch der alte Humanismus mit, für den es überhaupt nur griechische und römische Geschichte gab.

In den Naturwissenschaften richtet diese Wissenschaftlichkeit ganz besonders viel Unheil an. Unsere Neun- und Zehnjährigen zerlegen, zerschneiden und zerrupfen die schönsten Blüten und Blumen, um die Formen und Teile der Wurzeln, Stengel, Blätter, Blüten, der leicht erkennbaren Blütenstände und Früchte zu beschreiben. Mit den Tieren ist's ähnlich. Und was ist das Lehrziel? Kenntnis des natürlichen Systems in der Pflanzenkunde, Kenntnis des Systems der Wirbeltiere und der wirbellosen Tiere in der Tierkunde; das wird vom Realgymnasiasten verlangt, vom Gymnasiasten etwas weniger. Aber in Obertertia oder Untersekunda hört diese Wissenschaft auf. Was haftet davon noch in den oberen Klassen? Was bleibt fürs Leben? Die Antwort gibt die beschämende Unwissenheit des gebildeten Deutschen in allen Naturwissenschaften. Blind läuft er durch Wald und Feld. Die einheimische Vogelwelt — reizend in ihren schönen Farben und ihrem feinen Gesange — ist ihm fremd; für die Blumen und Sträucher in Flur und Hain hat er keinen Blick. Wie fein sind die unscheinbarsten Wiesenblumen gebaut, welcher Schmelz liegt auf ihren zarten Blüten. Der Gebildete sieht das nicht, er kann sie höchstens in Erinnerung an seinen Unterricht zerpflücken. Das ist das Ergebnis der Wissenschaftlichkeit des Unterrichts.

Trockener Lehrton.

Diese Wissenschaftlichkeit bringt aber auch den trockenen Lehrton in die Schule, das Überwiegen des Verstandesmäßigen. Auch in den Lehrbüchern tritt das zutage. Ganz gleich ob für Mathematik, Physik, Geschichte und Erdkunde bestimmt, sie sind öde und langweilig, eine dürre Heide. Durch dieses alles, die Wissenschaftlichkeit, Lehrton und Lehrbuch, wird den Schülern der unteren und mittleren Klassen die Lust, mit der sie anfangs in die Schule gehen, die Freude an der Arbeit ausgetrieben, bis sie nur widerwillig, vielfach freudlos ihre Schuljahre abdienen.

Man verschone unsere Sextaner und Tertianer, unsere kleinen Jungen und Mädchen mit der kalten Wissenschaft. Das Einzelwesen, das Konkrete gebe man ihnen und führe sie langsam in den oberen Klassen zur wissenschaftlichen Betrachtungsweise. Da gebe man ihnen auch den Überblick über die Wissensgebiete, die Zusammenhänge der einzelnen untereinander und ihre Grenzen. Man klagt, vor lauter Einzelwissen sei der höhere Zusammenhang verloren gegangen, und will durch Einführung in die Philosophie, durch philosophische Propädeutik dem abhelfen. Man gebe sich keiner Täuschung hin. Dazu braucht man Zeit, und die hat die Schule nicht. So wird es wieder ein neues Fach mit neuem Wissen und Lernen. Und da doch nur ernsthaft gelernt wird, wenn in der Reifeprüfung auch gefragt wird, so werden dann in der Philosophie die Weltanschauungsfragen, die der Lehrer oder der Schulrat als die richtigen ansehen, für die Prüfung eingeochst. Vor solcher Philosophie bewahre uns der Himmel! Nein, bei den einzelnen Wissenschaften, da gebe man dem Primaner einen Überblick über das ganze Gebiet, zeige ihm, was der menschliche Geist schon geleistet hat, wie wenig wir aber im Grunde wirklich wissen, und lehre ihm Ehrfurcht vor der Wissenschaft, dem selbstlosen Forscher, aber auch vor dem Unerforschten und Unerforschlichen.

Selbsttätigkeit der Schüler.

Diese Wissenschaftlichkeit auf der Schule, so wird uns entgegengehalten, sei nötig, um die richtige Selbsttätigkeit der Schüler zu erzielen. Denn gerade diese soll auf der höheren Schule besonders geübt werden, damit sie auf der Universität und im Leben im richtigen Sinne selbsttätig sind.

Es geschieht ja auch auf der Schule sehr viel. Man bemüht sich im weitesten Maße, die Schüler selbsttätig zu machen. Sie verfertigen schriftliche Arbeiten aller Art, sie präparieren, sie halten Vorträge, sie arbeiten zum Teil im biologischen und chemischen Laboratorium.

Aber merkwürdig! Die rechte Selbsttätigkeit will es uns nicht scheinen. Die schriftlichen Arbeiten sind oft nur halb eigene Arbeit, oft ganz abgeschrieben, und die Präparationen ebenfalls. Ja, viele behaupten, seit für jede Schulausgabe eine gedruckte Präparation vorhanden ist, falle die eigene Arbeit der Schüler fast ganz fort. Eigentümlich ist, daß gerade in einem Fache, in dem die Selbsttätigkeit des Schülers beinahe Voraussetzung ist, sie eigentlich ganz wegfällt, in Physik. Wir haben wundervolle Lehrzimmer und Lehrmittel, wir haben unter den Lehrern sehr geschulte Experimentatoren — aber wir haben fast keine Selbsttätigkeit der Schüler. Während der Lehrer seine Versuche macht, sitzt der Schüler untätig dabei, sieht zu und denkt an tausend andere Dinge. Am meisten Aufmerksamkeit herrscht, wenn der Versuch nicht gelingt. Da belebt sich die Klasse, und aller Augen richten sich gespannt auf den Lehrer. Sonst schläft Dreiviertel der Klasse und lernt zu Hause die Sache mechanisch aus dem Lehrbuch. Man mutet auch hier unserer Jugend etwas zu, was man von keinem Erwachsenen verlangt, nämlich den Versuchen eines anderen seine genaueste Aufmerksamkeit in einer Sache zu schenken, für die man keine innere Teilnahme hat. Nun bietet jeder Physikunterricht so viel Anregendes, daß man die Teilnahme aller Schüler erwarten sollte. Aber die Schüler haben verschiedene Interessen, und durch das Übermaß der Fächer und Anforderungen sind viele geistig so abgestumpft, daß sie die Zeit der Lehrerversuche als Erholung begrüßen. Endlich lockt die Beschäftigung des Lehrers mit dem Versuche sehr zur Unaufmerksamkeit, zum jugendlichen Übermut. Darum müssen wir den umgekehrten Weg gehen: nicht der Lehrer, sondern der Schüler muß den Versuch machen. Nicht der Schüler soll dabeisitzen und zusehen, wenn der Lehrer arbeitet, sondern der Lehrer soll die Arbeit des Schülers beaufsichtigen und ihn anleiten.

Allerdings wird man sich bei der Mehrzahl der Schüler nur auf die allereinfachsten Versuche beschränken. Aber liegt nicht viel mehr Wert in dem einfachen Versuch, den der Schüler selbständig gemacht hat, als in dem schwierigsten des Lehrers, dem er nur passiv beigewohnt hat? Und ferner: Wir verwechseln leicht das Tätigsein, das Arbeiten mit Selbsttätigkeit. Letzteres heißt doch ein Arbeiten aus eigenem Antrieb. Das Arbeiten aus reinem Pflichtgefühl gehört nicht dazu, denn da arbeitet der Schüler unter einem gewissen Zwange.

Die Selbsttätigkeit der Schüler werden wir aber am besten anregen, wenn wir ihnen Gelegenheit geben, in ihrem Lieblingsfach frei tätig zu sein. Das wäre Selbsttätigkeit, wenn ein Schüler, der seine Teilnahme der römischen Literatur zuwendet, mit einer eigenen Übersetzung eines seltener gelesenen Schriftstellers zu seinem Lehrer käme. Oder das ist Selbsttätigkeit, wenn ein Schüler einen selbsterbauten physikalischen Apparat vorführt, wenn er über das Leben eines Tieres aus eigener Beobachtung berichtet. Aber von dieser Selbsttätigkeit ist in unseren Schulen wenig die Rede. Wir zwingen die Schüler zu möglichst gleichmäßiger Arbeit, ihre Teilnahme allen Fächern in gleicher Weise zuzuwenden, und vergehen uns gegen die einfachsten Gesetze der Psycholgie.

Formale Bildung.

Diese unpsychologische und unpädagogische Lehrart hat man damit begründet, daß sie zur formalen Bildung nötig sei. Gerade die starke Beschäftigung mit den alten Sprachen (und da ganz besonders mit Latein) und mit Mathematik gäbe die formale Bildung. Das ist bekanntlich die Bildung, die wir durch die Arbeit unseres Geistes nur an der Form erreichen. Nun deckt der Ausdruck „formale Bildung" nicht das, worum es sich handelt. Unter Bildung müssen wir die geistige und sittliche Ausbildung eines Menschen verstehen. Bei der formalen Bildung fällt letztere fast ganz weg. Die Arbeit an der Grammatik einer Sprache oder in der Mathematik ist sittlich völlig gleichgültig. Man spricht aber mit dieser Einschränkung von formaler Bildung und meint damit, diese Fächer seien besonders geeignet, dem Schüler richtiges logisches Denken anzugewöhnen.

Will man nun jemanden logisch denken lehren, so muß man von dem Gebiet ausgehen, für das er Neigung hat. Ganz besonders gilt das für Kinder. Im Unterricht der Schulanfänger handelt man auch nach diesem psychologischen Gesetz. Man geht von der umgebenden Welt aus, von dem, was dem Kind am nächsten liegt. Für die Anfangsklassen unserer Gymnasien und Realgymnasien aber gilt dies Gesetz nicht. Sie beginnen jetzt noch mit Latein, wie man in der alten Mönchsschule oder im Gymnasium der Humanistenzeit damit begonnen hat. Man bedenkt nicht, daß diese Zeit längst vorbei ist, daß der deutsche Geist den Neuhumanismus abgelöst hat, der mit dem Altertum für uns versinkt.

Zur formalen Bildung soll besonders die Mathematik beitragen. Nun unterscheidet man schon im allgemeinen mathematisch Begabte und Unbegabte. Wer keine mathematische Begabung hat, wird nicht mathematisch denken können. Damit ist aber nun nicht gesagt, daß er überhaupt nicht logisch denken kann. Ebenso wie der Mathematiker nicht immer und nicht überall logisch denkt. Sonst müßten die Mathematiker doch am besten das Leben meistern. Auch gibt es ein altes Schulsprichwort: Mathematicus non collega.

Für alle diejenigen, die keine mathematische Vorstellungskraft haben, ist der mathematische Unterricht nicht nur eine Qual, sondern eine nutzlose Quälerei. Um noch in der Schule mit fortzukommen, zwingen sich die Schüler zu ganz mechanischem Arbeiten. So ergibt sich der Widersinn, daß eine Wissenschaft, die das logische Denken ganz besonders wecken und üben will, zum stärksten mechanischen Betrieb sich gestaltet hat. Am besten wird es dadurch gekennzeichnet, daß die Mathematik so schnell wie kein anderes Fach wieder verlernt wird. Alles Wissen eben, das nicht auf wirklicher Einsicht und wirklichem Verständnis beruht, sondern das nur mechanisch angelernt ist, verliert sich schnell und spurlos.

Ja, wir sind in unseren Schulen in einen bösen M e c h a n i s m u s hineingeraten. Wir quälen unsere Jugend mit dem Lernen vieler unverstandener und unverständlicher Dinge und haben keine Ursache, stolz auf vergangene Zeiten herabzusehen. Wir bleuen allerdings unseren Schülern nicht mehr das Unverstandene ein, aber wir lassen sie dafür sitzen, und zwar immer etwa den achten Teil. Ob dieses Sitzenlassen mit all den Aufregungen für Schüler und Eltern von einer späteren Zeit der Prügelpädagogik nicht einmal gleichgestellt wird? **Mechanismus.**

Dieser mechanische Betrieb beschränkt sich nicht nur auf die oben genannten Fächer. Vom Latein ist er auch auf die andern Fremdsprachen, ja sogar auf die Muttersprache übergegangen. Früher wurde ganz allgemein und jetzt leider noch vielfach deutsche Grammatik wie die des Latein gelernt. Daß auch in Geschichte und Erdkunde das mechanische Lernen von Zahlen und Tatsachen überwogen hat und noch vielfach überwiegt, ist die Klage aller derer, die gern bei den Schülern ein Verständnis für die geschichtlichen Ereignisse und deren Entwicklung erwecken möchten. Wieviel im Religionsunterricht das rein mechanische Lernen der wirklichen Religiosität geschadet hat, ist allzubekannt.

Materiale Bildung.

Ja, sagt man, die formale Bildung ist ja nicht die Hauptsache. Sie wird ergänzt durch die materiale Bildung. Das ist eine Bildung, die uns durch den Stoff selbst übermittelt wird. Auf sie paßt das Wort „Bildung“ ja schon besser. Denn sie soll nicht so sehr unsern Verstand, sondern unsern Charakter, unser Inneres bilden. Sie kann das durch den Stoff selbst, durch seine Behandlung, oder durch beides.

Der Stoff selbst bildet den Schüler durch seinen Inhalt. Das trifft für die sogenannten ethischen Fächer ein, für Religion, Deutsch, Geschichte. Durch die Behandlung des Stoffes wirken auf die Bildung des Charakters ein die Mathematik und die Grammatik. Sie zwingen den Schüler zur Selbstüberwindung, zur schärfsten geistigen Arbeit, und das ist gewiß ein sehr wichtiges und sehr nötiges Erziehungsmittel. Andere Stoffe wirken in beiden Richtungen. Da sind zu nennen die Naturwissenschaften, die fremden Sprachen, die Erdkunde und die technischen Fächer.

Bei dem Übermaß an Wissensstoff kann aber von einer Vertiefung, einem gründlichen Beherrschen, einer eigentlichen Bildung nicht die Rede sein. Die materiale Bildung ist so in Wirklichkeit eine Stoffansammlung, eine Häufung von totem Wissen, das für die innere Bildung unserer Jugend wenig Wert hat. Es können aus Mangel an Zeit die sittlichen Wirkungen nicht ausgenutzt werden, sie gehen für die Charakterbildung leider zu sehr verloren. Ja, noch schlimmer! Der größte Teil unserer Schüler kann den gewaltigen Stoff nicht bewältigen, wenn er nicht gegen seine Natur zu Hause Tag für Tag stundenlang am Schreibtisch sitzen und auf Jugendlust und Jugendfreude verzichten will. Musterschüler dieser Art sind immer greisenhafte Knaben, aber nicht frische Jungen gewesen. Die Jugend wehrt sich dagegen in ihrer unverständigen Weise, und die Folgen sind allerlei Betrügereien und Unwahrhaftigkeiten, unter denen die Schule leidet. Was wird auch auf unseren Schulen nicht gemogelt, gelogen, betrogen! Da ist kaum einer, der ganz schuldlos wäre. Wahrlich, es sind keine aufrechten Charaktere, die von unseren Schulen ins Leben gehn. Der Schule aber kann man den Vorwurf nicht ersparen, daß sie durch das falsche Bildungsziel, die unpsychologischen Lehrpläne, die Stoffüberhäufung einen großen Teil der Schuld trägt. —

Fassen wir noch einmal zusammen!

Unsere Erziehung in Haus und Schule hat schwere Mängel. Das Haus hat zumeist seine Aufgabe nicht erfüllt, es hat seine Pflichten auf die Schule abgewälzt. Diese konnte aber zu ihrem eigentlichen Zwecke nicht noch all das Neue aufnehmen und durchführen. Auch sie litt unter dem Materialismus, der unser ganzes Volk unterjocht hatte.

Aber dazu treten noch Fehler, die in der Schule selbst liegen. Unserem Schulwesen fehlt die Einheitlichkeit, der Zusammenhang. Volksschule, Mittel- oder Bürgerschule, höhere Schule und Hochschule stehen zusammenhanglos nebeneinander. Die höheren Schulen sind unzweckmäßig verteilt. Das flache Land ist benachteiligt. Unsere Schulen sind vielfach hinter der Zeit zurückgeblieben. Sie sind den Veränderungen des Weltbildes und denen, die mit und in unserem Volk vorgegangen sind, nicht gefolgt. Sie verfolgen ein falsches Bildungsziel mit unpsychologischen Lehrplänen und mit einem viel zu umfangreichen Lernstoff. Sie sind zum Teil noch auf dem alten Standpunkte stehen geblieben in der übertriebenen Wissenschaftlichkeit des Unterrichtes, der Überschätzung der formalen und materialen Bildung. Sie hemmen die Persönlichkeitsbildung durch die Betrügereien und die Lügnerei, zu der sie die Schüler treiben. Alle diese Mängel der Schule sind schon lange mehr oder weniger empfunden worden. Auch allerlei Verbesserungen und Reformen sind geschehen und versucht worden. Aber die Schritte zur Um- und Neugestaltung waren zu zaghaft, zu klein. Auf diese Weise kam das Leben immer mehr mit der Schule in Zwiespalt, blieb letztere immer weiter hinter ersterem zurück. Diese Spannung zwischen Schule und Leben kam in dem Augenblicke des höchsten Lebenswillens, der stärksten Lebenskraft unserem Volke zum Bewußtsein. Es ist kein Zufall, daß mit dem Jahre 1914 der Ruf nach einer Neugestaltung des gesamten Schulwesens sich weit im deutschen Lande erhob. Jetzt, nach dem Zusammenbruch, ist nicht nur eine Neuordnung unseres Schulwesens, sondern eine Erneuerung unserer ganzen Erziehung mit der unseres Volkes in allen seinen Gliedern und Teilen nötig.

II.

Erneuerung des ganzen Volkes.

Will Deutschland sich von seinem schweren Falle jemals wieder erheben, so ist eine Erneuerung des ganzen Volkes in allen seinen Gliedern die unerläßliche Voraussetzung. Der Materialismus und die materialistische Lebens- und Staatsauffassung muß überwunden, die idealen Kräfte unseres Volkes müssen neu geweckt werden. Die Erziehung der Jugend eines Volkes wird immer von den Gedanken und Strömungen Ziel und Richtung erhalten, die im Volke lebendig sind. Und die fließen aus drei Quellen, aus Vergangenheit, Gegenwart und Zukunft. So muß die Erziehung das Beste und Schönste, was unsere Vergangenheit bietet, unserer Jugend überliefern; sie muß die lebendigen Gedanken, welche die Gegenwart durchfluten, aufnehmen, klären und der Jugend zu eigen geben; sie muß endlich auch der Zukunft gedenken, denn für die Zukunft arbeitet doch die Erziehung, und muß der Jugend für sie die Richtung geben. Wie aus Vergangenheit und Gegenwart sich die Zukunft gebiert, so wird aus dem Blute der Ahnen und der Eltern das neue Geschlecht, das in die Zeit hinein weiter schreitet, das die Verantwortung von der Lebenden Schultern nimmt. Daß es diese tragen kann, dazu muß es erzogen werden. In der Demokratie, und noch dazu in der freiesten Demokratie der Welt, ist die Verantwortung sehr schwer. Die Demokratie stellt hohe Forderungen an ihre Bürger. Darnach muß auch das Ziel der Erziehung gestaltet werden, es muß ein neues, schönes Ziel aufgestellt werden, das die Herzen der Schüler und der Lehrer mit Begeisterung erfüllt.

Erziehung zum deutschen Menschen.

Und dieses Ziel kann und darf nur das eine sein: Erziehung zum tüchtigen deutschen Menschen.

Gibt es einen höheren Zweck dieses Erdenlebens, und ist es von einer Gottheit geordnet, so müssen die Völker als Einzelwesen auch ihren Zweck und ihre Aufgabe haben. So meint ja auch Ranke, daß jedes Volk selbst ein Gottesgedanke sei und einen solchen auf dieser Erde zur Durchführung zu bringen habe. Nehmen wir das an, so muß es die Aufgabe *der Erziehung sein*, die *Eigenschaften des Volkes zu voller Entwicklung zu bringen, die es zur Ausführung seiner Aufgabe besonders befähigen.* Diese Eigenschaften geben auch dem einzelnen Gliede des Volkes sein bestimmtes Gepräge, seine Persönlichkeit.

Welches sind nun diese, uns Deutschen eigentümlichen Eigenschaften? Es sind ihrer drei: *körperliche Tüchtigkeit*, *Verstand* und *Gemüt*.

Körperliche Tüchtigkeit.

Das erste, was den Völkern der alten Welt bei den Deutschen auffiel, wodurch sich diese von allen andern unterschieden, war die *Größe* und *Kraft*. Übereinstimmend sprechen alle Quellen von der unglaublichen Körpergröße und der außerordentlichen Kraft. Auch im Mittelalter war deutsche Kraft und damit deutsche Tapferkeit berühmt und bewährt. An der Spitze ihrer Ritterheere hielten sich die deutschen Könige und Kaiser für unbesiegbar. Und später! Der deutsche Landsknecht, der deutsche Reiter war weit gesucht. In Frankreich sind ja beide Worte in den Sprachschatz übergegangen. Daß in der körperlichen Tüchtigkeit ein Teil unserer Überlegenheit im Weltkriege beruhte, haben wir doch alle Tage aus den Heeresberichten gesehen. Zwar hat das Elend des Dreißigjährigen Krieges und der folgenden Zeiten ein Herabgehen der Körpergröße, ein Nachlassen der Kraft mit sich gebracht, aber wir hatten den Tiefstand überwunden. Teils durch die bessere Lebenshaltung, teils dank der großartigen Arbeiterschutzgesetzgebung nahm die Größe zu, wurden die gesundheitlichen Zustände besser.

Freilich, die Schule hat daran kein Verdienst. Wie lange hat es bei der Volksschule gedauert, bis überhaupt nur Turnen eingeführt wurde, durchgeführt ist's noch nicht überall. Für die schulentlassene Jugend geschah bis jetzt gar nichts. Die höhere Schule hat die körperliche Ertüchtigung bei weitem nicht so gefördert, wie sie es hätte tun sollen, ja sie hat sie sogar überwiegend gehemmt. Da haben wir an alten Überlieferungen gekrankt und kranken noch daran, Überlieferungen aus den Zeiten der Klosterschulen und der Humanisten, die alle körperlichen Übungen, z. B. auch Schlittschuhlaufen und Spielen, als barbarisch verwarfen. Es ist noch nicht allzulange her, daß auf dem Gymnasium ein guter Turner von einzelnen Lehrern als ein Schüler zweiter Ordnung mit mitleidiger Herablassung behandelt wurde. Und noch jetzt kann die Schule die körperliche Betätigung unserer Jugend, wie sie notwendig ist, nicht wünschen, da ihr Unterricht zu sehr darunter leiden würde.

Wir aber müssen jetzt planmäßig durch Turnen, Spielen, Wandern, Schwimmen, Rudern, also durch jede mögliche körperliche Betätigung unsere Jugend kräftigen und gesund machen. Nur so können wir die Schädigungen des langen Sitzens, der Arbeit in Fabrik und Werkstatt, der starken Kopfarbeit, des Wohnens in der Großstadt und nicht zuletzt die Folgen der „englischen Krankheit" überwinden, von der höhnend in echt englischer Gemütsroheit jener britische Arzt gesprochen hat. Nur so können wir uns die Jugend schaffen, die wir für den Neubau unseres Vaterlandes brauchen. Denken wir aber daran, daß wir nicht immer unter diesem Gewaltfrieden leben wollen, und wollen wir uns nicht auf das „Weltgewissen" und andere Redensarten verlassen, sondern auf unsere eigene Kraft, so ist die körperliche Ertüchtigung unserer Jugend nötiger als jemals.

Verstand.

Die zweite Eigenschaft, die dem Deutschen eignet, ist ein klarer, scharfer Verstand. Wohl besitzen auch andere Völker Verstand und Geistesschärfe. Wer wollte das z. B. den Engländern abstreiten. Es ist ein Erbe des germanischen Blutes, das in ihnen mehr fließt, als sie jetzt zugeben wollen. Auch die Franzosen sind mit hohem Verstand begabt, zeigt doch ihre Sprache wie ihre Literatur dies ganz ausgeprägt, ebenso wie die Wissenschaften, die sie besonders treiben:

Medizin und Naturwissenschaften. Aber ihre Leidenschaftlichkeit, die sie von ihren gallischen Ahnen in sich haben, trägt fast immer den Sieg davon. Der slawische Verstand aber hat etwas Grüblerisches, Dunkles, Weiches und Unbestimmtes in sich, der weiblichen Abstimmung der Volksseele entsprechend.

Klarer, kühler, meinetwegen nüchterner Verstand ist eine deutsche Eigenschaft. Sie ist uns erb- und eigentümlich schon seit uralter Zeit. Das beweisen uns die ersten geschichtlichen Nachrichten. War jener Heerkönig Ariovist, von dem uns Cäsar berichtet, nicht ein kluger Mann? Und der Befreier Deutschlands? Aus seiner deutschen Heimat kommt er in die Höhe römischer Zivilisation. Wie hat er sie gemeistert! Als Ritter und Offizier scheidet er aus römischen Diensten. Und ferner Odoaker! Auch er zieht als Jüngling aus seinem Vaterlande fort, tritt ins römische Heer, wird General, Kriegsminister und zuletzt sogar König von Italien. Weiter! Stilicho, der Vandale, der Italien vor Theodorich schützt und dessen Tochter Kaiserin wird. Athaulf, des Alarich Nachfolger, den des römischen Kaisers Schwester freiwillig zum Gatten nimmt. Endlich Theodorich selbst, der gewaltige Herrscher, der Italien unvergleichlich besser verwaltet als die römischen Cäsaren vor ihm. Ich könnte die klugen und großen deutschen Könige aufführen, die bedeutenden Männer unserer Geschichte, die Erfinder und Entdecker. Aber ich will mich bloß auf jene wenige beschränken, die mit ihren Geistesgaben aus dem Dunkel unserer Anfänge hervorleuchten. Ein Volk, dessen Männer den gefährlichen Schritt aus den einfachsten heimischen Verhältnissen in die feinste Zivilisation ohne Schaden tun können, muß mit klarem, hellem Verstande begabt sein. Und daß er noch jetzt in ihm durch alle Stände und Berufe weit verbreitet ist, das hat uns der Krieg tausendmal gezeigt. Den Verstand zu schärfen, ihn klarer und durchdringender zu gestalten, das ist vorwiegend die Aufgabe der Schule, aber es muß geschehen in psychologischer Weise, die das Kind und seine Anlagen berücksichtigt. Wir haben es zu einseitig durch sprachlich- oder durch mathematisch-logische Schulung, oder durch beides gewollt. Wir haben vergessen, daß Vielerlei lernen noch keine Stärkung des Verstandes ist, daß ein erzwungenes

Lernen nur zu einem mechanischen Einpauken führt. Die Schule hat versucht, die Kinder nach ihrer Art zu formen. Sie hat das Goethesche Wort nicht beachtet:

Doch wir können die Kinder nach unserem Willen nicht formen.
So wie Gott sie uns gab, so muß man sie haben und lieben,
Sie erziehen auf's beste und jeglichen lassen gewähren,
Denn der Eine hat die, der Andere andere Gaben.
Jeder braucht sie und jeder ist doch nur auf eigene Weise
Gut und glücklich.

Es muß die Aufgabe von Schule und Elternhaus sein zu sehen, mit welchen Gaben ein Kind besonders gut ausgestattet ist. Die soll die Schule in ihm entwickeln.

Also dann Facherziehung von Jugend an, Dressur zum einseitigen Fachmann? Nichts ferner als das! Ganz im Gegenteil: die Zersplitterung unserer Gebildeten soll aufhören. Wir müssen einen gemeinsamen Boden für eine gemeinsame Weltanschauung haben. Aber der kann nicht die Antike sein, wie sie es auch nicht mehr ist. Das kann nur das Deutschtum sein. Die Muttersprache in ihrer Schönheit, Kraft und Fülle, ihrer alten Geschichte und der markigen Eigenart ihrer Mundarten. Die deutsche Geschichte, jene Reihe stolzer Taten und schwerer Leiden, jenes Lebens und Webens der deutschen Seele, des Ringens und Kämpfens unseres Volkes, des Suchens und Verlierens seines geschichtlichen Weges. Die deutsche Heimat, nie genug gekannt, nie ausgewandert, die Geschichte des heiligen Bodens, aus dem unsere Volkskraft sprießt. Dies soll der feste Grund, der Mutterboden der Bildung unserer deutschen Jugend sein. Und daneben mag jeder seinen Geist entwickeln und schärfen, wie es seinen Anlagen entspricht. Wir werden dann erstaunt sein, was für Leistungen sich auf unseren Schulen wiederfinden, was für Lateiner, für Griechen, für Mathematiker und Physiker aus ihnen hervorgehen. Dann wird auch mehr Freude und Selbsttätigkeit auf unserer Schule herrschen, und weniger Schüler werden sitzen bleiben. Es wird ja so häufig über die Masse ungeeigneter Schüler geklagt, über den Ballast. Gewiß führen die Berechtigungen und führte der Einjährigen-Freiwilligenschein manche ungeeignete Leute auf die höheren Schulen. Aber so schlimm ist es nicht, wie man es vielfach macht. Mehr noch werden Schüler auf die ungeeigneten Schulen gebracht, auf solche, die nicht für ihre Begabung passen. Das Gymnasium ist vielfach die einzige höhere Schule am Ort. Und weil man Gymnasien überall findet, so müssen Offiziere und Beamte, die leicht der Versetzung unterliegen, ihre Jungen aufs Gymnasium tun. So müssen Kinder es besuchen, die ganz andere Gaben haben und die dort nicht zu ihrem Rechte kommen.

Es sind bekanntlich durchaus nicht immer die Unbegabten, die sitzen bleiben. Durch die unteren Klassen arbeiten sich im Gegenteil jene oft als gute Mittelschüler durch. Es sind die einseitig Begabten, die durch die Klippen der unteren Klassen sich nicht hindurchzusteuern vermögen. Diese und die lebhaften Geister, die nur durch innere Teilnahme für den Stoff gewonnen werden können, die haben es in den unteren und mittleren Klassen oft sehr schwer und kommen nicht ohne Sitzenbleiben weiter. Wie oft findet man unter hohen Staatsmännern, hervorragenden Verwaltungsbeamten, berühmten Ärzten und sehr gesuchten Rechtsanwälten solche Sitzengebliebene. Ihre Verstandesanlage war auch im Kinde hervorragend. Aber es war der unpsychologische Lehrplan, der sie zum Scheitern brachte oder der ihnen einen Umweg auferlegte.

Jedoch der Deutsche ist nicht ein Mensch des reinen Verstandes, nicht einmal überwiegend. Mindestens ebenso stark wird er durch das Gemüt beeinflußt. Ja, oft geht uns das Gemüt mit dem Verstande durch. Daher sind wir kein politisches Volk. Werden wir es wohl einst werden? Lehrgeld haben wir genug bezahlt. Gemüt.

Schon unsere Sprache zeigt in ihrem Aufbau und ihren Wendungen, in der Fülle der Ausdrücke, darin, daß sie nicht die logischen Gesetze dem Buchstaben nach erfüllt, das Vorherrschen des Gemütslebens. Auf ihm beruht ja auch unsere Kultur, denn aus ihm entspringt das, was wir Moral nennen, d. h. das Gefühl tiefer sittlicher Verpflichtung. Ohne Moral ist Kultur nicht denkbar, höchstens Zivilisation. Wollen wir nun unsere eigene deutsche Kultur recht ausbauen, so muß die Gemütsanlage des deutschen Menschen in der Schule mehr gepflegt werden, als dies bisher geschieht. Ich meine nicht dabei das weinerliche, weichliche Moralisieren, das Rühren und knochenerweichende Gutsein. Ich meine das Betonen der Gefühlswerte jedes Stoffes, die uns zu einer eigenen deutschen Kultur verhelfen, die das im Menschen wohnende Gute frei machen.

Nun wollen wir uns aber nicht rühmen, als sei die deutsche Kultur schon auf ihrer Höhe, als wären auch die einzelnen Deutschen alle mit ihrer Kultur erfüllt. Hier gilt es noch viel zu arbeiten, wie uns die Vorgänge nach der Revolution gezeigt haben. Alle Schulen haben da viel versäumt, auch die höheren.

Betonen der Gemütswerte in a) Religion,

Das Fach, das am tiefsten das Gemüt beeinflussen, es am besten bilden kann, ist die Religion. Gewiß ist die Forderung zu hoch, jede Religionsstunde soll eine Weihestunde sein. Ein gewisses Maß von Wissen ist auch hier nötig, und immerwährendes Hochgespanntsein stumpft ab. Doch öfter sollte das Herz mitsprechen und sollten die feinen Saiten der Seele mitschwingen. Dazu gehört natürlich eine sehr sorgsame Auswahl der Religionslehrer. Wenn schon bei allen Fächern und bei allen Methoden die Persönlichkeit des Lehrers höchst wichtig ist, so ist sie für den Religionsunterricht ausschlaggebend. Es kommt hierbei nicht so sehr auf die Lehrberechtigung, als auf die Lehrbefähigung an. Leider wird dieser Punkt bei der Anstellung oft nicht genügend berücksichtigt. Den Schaden trägt die Schule und tragen die Schüler durch ihr ganzes Leben. Darum ist auch die Forderung, es dürfe in der Volksschule kein Lehrer wider seinen Willen zur Erteilung des Religionsunterrichtes gezwungen werden, ganz selbstverständlich. Welche Verheerung muß ein solcher Unterricht anrichten!

b) Deutsch,

Nicht anders liegen die Dinge im Deutschen. Es kann jemand ein ausgezeichneter Kenner deutscher Grammatik und Literatur und dabei nicht imstande sein, ein Gedicht dem Herzen der Schüler nahe zu bringen. Wie viele sittliche und wie viele Gemütswerte sind nicht gehoben und werden es nicht, weil der Lehrende versagt hat und versagt. Hier haben auch unsere Universitäten eine schwere Unterlassungssünde begangen, die hoffentlich bald gesühnt wird.

Wie hat die Schule in den Grammatikstunden die deutsche Sprache mißhandelt! Warum waren und sind sie das Langweiligste, was sich denken läßt? Liegen aber in der Wortkunde, im Bedeutungswandel nicht so viele tiefe Gedanken, so anregende Gedankengänge, die das Gemüt unserer Jugend ergreifen und sie die Schönheit unserer Muttersprache recht empfinden lassen? Der Bilderreichtum, die Kraft unserer Sprache — hat die Schule unsere Jugend darauf richtig hingewiesen? Nein! Sonst würden wir bei den Gebildeten gerade in Wort und Schrift nicht so viele Versündigungen gegen den Ausdruck finden, gegen den Sinn der Worte. Wir brauchen die Worte wie völlig abgegriffene Scheidemünze, ohne auf ihr Gepräge zu sehen, ohne Achtung, ohne Ehrfurcht.

Was haben uns die Werke unserer großen Dichter und Denker nicht alles zu sagen. Und da nicht nur im gedanklichen Aufbau und in den Höhepunkten. In das große Königskleid sind so viele Edelsteine und Perlen eingewebt, daß auch davon gar manche Seele erfreut und erhoben werden kann.

Wir müssen den goldenen Schatz tiefen Gemüts, der in unserer Sprache ruht, nur heben, dann werden wir in unseren Schülern auch viel mehr Ehrfurcht vor der Muttersprache und Liebe zu ihr erwecken.

Zu Religion und Deutsch gesellt sich schon jetzt alls drittes ethisches Fach die Geschichte. Auch bei ihr kommt es nicht so sehr aufs Wissen als darauf an, was sie uns fürs Leben mitgibt. Sie soll zeigen, daß eine große Gerechtigkeit in der Welt lebt, daß von jedem Einzelnen, aber besonders von den führenden Ständen eines Volkes dessen Zukunft abhängt, daß darum heilige Verpflichtungen dem Einzelnen auferlegt sind. Wenn sie darlegt, wie ein Ludwig XIV. in seiner reinen Selbstsucht, wie ein Ludwig XV. mit seinem unwürdigen Leben das Königtum im Volk verhaßt und verächtlich gemacht haben, und daß sie so die eigentliche Schuld am schmählichen Tod ihres Nachfolgers tragen, so wird sie durch diese Förderung geschichtlichen Verständnisses auch auf unser Gemüt einwirken. Noch mehr allerdings durch gegenteilige Beweise, die uns in Friedrich

c) Geschichte.

Wilhelm I., Friedrich II. und Wilhelm I. so glänzend zur Verfügung stehen. Man dringt jetzt auf das geschichtliche Verständnis. Das kann aber eben nichts anderes heißen, als was ich mit der Forderung ausspreche, mehr das Gemüt auch im Geschichtsunterricht zu seinem Recht kommen zu lassen. Denn etwas wirklich verstehen heißt, es auch mit dem Herzen, der Seele auffassen. Nicht das Wissen, der Verstand allein gehören zum Verständnis, sondern das Herz. Eine große geschichtliche Persönlichkeit, eine Geistesbewegung werde ich nie verstehen, wenn mein Gemüt sie nicht mit ergreift. Darum werden die großen Menschen zuletzt nur von ihren Volksgenossen richtig verstanden. Ein Luther, ein Goethe, ein Bismarck wird nur uns Deutschen wirklich zum Verständnis kommen, weil wir auch ihre Seele in der unsrigen wiederklingen lassen können. Der Faust wird den Franzosen immer unverständlich bleiben. Bis jetzt ist auch nur die Gretchentragödie herausgefunden worden.

d) Erdkunde, Auch die Erdkunde könnte und sollte mehr das Gemüt zu seinem Rechte kommen lassen, vor allem in der Heimatkunde, in der Besprechung unseres deutschen Vaterlandes. Welche großen Gemütswerte vermag eine Rheinfahrt auszulösen, eine Wanderung den Main entlang, von Frankfurt bis Bamberg und ins Fichtelgebirge. Was kann uns der Thüringer Wald erzählen mit der Wartburg und den Städten in und an ihm! Was kündet uns das alte Sachsenland mit seinen geschichtlichen Stätten, der Harz mit seinem Städtekranz rings um ihn, die Mark, die das Wachsen des preußischen Staates von Anfang an erlebte, West- und Ostpreußen, die den Ordensstaat entstehen sahen! Aber auch außerdeutsches Gebiet soll nicht minder zu unserer Seele sprechen. Was kann uns die Poebene erzählen, Mailand und Venedig, Rom und Neapel, Griechenland mit Athen, Spanien mit seiner eigenartigen Kultur, seinen Kämpfen, seinem glänzenden Aufstieg, seinem schnellen Verfall!

So lassen sich aus der Erdkunde in viel reicherem Maße ethische Werte herausarbeiten, als es bisher geschieht. Daß wir bei der

e) Sprachen, Sprechmethode in den neueren Sprachen zu sehr den Nützlichkeitsstandpunkt vertreten und vielfach das vernachlässigt haben, was zur inneren Bildung nötig ist, das ist wohl der schwerste

Vorwurf, den man dieser Methode machen muß. Das Wertvollste des Sprachunterichtes ist, daß wir die tiefen Gedanken großer Persönlichkeiten in der Form und mit dem eigentlichen Schmelz in uns aufnehmen können, die ihnen die Urheber selbst gegeben haben. Nicht die Äußerlichkeiten der fremden Sprache wollen wir annehmen, sondern nur das, was unser Inneres mehren kann.

Auch die alten Schriftsteller, besonders die lateinischen, müssen daraufhin angesehen werden, was nur zur Erlernung der Eloquenz und was zur inneren Bereicherung dient. Ersteres muß unweigerlich fallen.

f) Naturwissenschaften.

Die Naturwissenschaften sind durch ihren rein wissenschaftlichen Betrieb der Gefahr ganz besonders ausgesetzt, das Gemüt zu kurz kommen zu lassen. Und doch liegen gerade in ihnen so viel Gemütswerte, wie in wenig anderen Stoffen.

Die gute und vernünftige Pflege des Körpers, die straffe Ausbildung des Verstandes, die Entwicklung der reichen Gemütsanlagen wird uns die charaktervollen Persönlichkeiten geben, die wir so dringend brauchen und die wir zum Neubau unseres Volkes gar nicht entbehren können.

Die Pflege des Körpers und die des Gemütes gehen vorwiegend das Haus, die Familie an.

Staat und Gesundheitspflege.

Gerade jetzt, wo die Hungerblockade der Engländer unsere Jugend so schwer geschädigt hat, wo Gefahr ist, daß auf Geschlechter hinaus unser Volk die „englische Krankheit“ noch spüren wird, muß in unserem Volke das Verantwortlichkeitsgefühl jedes Einzelnen für seinen Körper geweckt und gepflegt werden. Die Folgen, die eine Vernachlässigung der Gesundheit, unvernünftiges, unsittliches Leben mit sich bringen, müssen ihm nicht nur als eine Versündigung gegen sich selbst, sondern auch gegen seine Kinder und deren Nachkommen gezeigt werden. Vor allem müssen alle Eltern auf die hohe sittliche Verpflichtung hingewiesen werden, die sie ihren Kindern gegenüber haben. Darum müssen die jungen Leute beiderlei Geschlechtes gründlich über ihre Pflichten als Mann und Vater, als Frau und Mutter unterwiesen werden. Dem Manne muß auch gezeigt werden, welche ungeheuere Verantwortung er durch sein Leben vor der Ehe auf sich lädt. Auch darf keiner heiraten, der nicht ein ärztliches Gesundheitszeugnis bringt. Schwerkranke Menschen dürfen nicht ihren Krankheitsstoff auf andere übertragen, sie haben kein Recht, ganze Geschlechter zu verseuchen. Doch auch das junge Mädchen muß ganz anders, als es jetzt geschieht, für ihren Beruf als Mutter und Hausfrau ausgebildet werden. Leider hat hier das Haus zumeist versagt. Gewiß gibt es jetzt noch tüchtige Mütter, die ihre Töchter gut anleiten, die auch tüchtige Frauen erziehen — aber in einem gerade konnten sie den Töchtern nicht die nötige Anleitung geben: in der Kinderpflege. Die Beschränkung der Kinderzahl, sagen wir ruhig, das Zweikindersystem, wie es in weiten Kreisen unseres Volkes schon üblich war, haben das Haus in der Unterweisung der Pflege und Aufzucht des Kleinkindes völlig ausfallen lassen. Darum standen die jungen Frauen der führenden Schichten ihrer Aufgabe als Mutter fast immer rat- und hilflos gegenüber, mußten das Kind einer Pflegerin überlassen und konnten so auch oft beim besten Willen nicht wirklich Mutter sein. Sie konnte aber auch nicht Hausfrau sein, denn von der Führung eines Haushaltes verstand sie ebensowenig. In den Kreisen der Arbeiterschaft sah es und sieht es nicht besser aus. Kennzeichnend ist, daß in einer Mittelstadt vor einigen Jahren ein Kochlehrgang für Arbeiter*frauen* eingerichtet werden mußte. *Da hier die Familie versagt hat und noch versagt, muß die öffentliche Erziehung, die Schule, eingreifen. Die weibliche Pflichtfortbildungsschule muß eine gründliche Einführung in Kinderpflege, Kinderzucht und Hauswirtschaft geben. Auf die höheren Mädchenschulen baut sich die Frauenschule als Pflichtschule auf.* Kein Mädchen darf heiraten, das nicht ein Zeugnis einer dieser Schulen aufweisen kann.

Staat und Familie.

Der *Staat* muß aber weiter dafür sorgen, daß gute Familien gegründet und erhalten werden können. Er muß seinen Beamten zur rechten Zeit ein auskömmliches Gehalt gewähren. Die jetzige Art der Annahme, der langen Wartezeiten und der erbärmlichen Anfangsgehälter hat Beamte und Offiziere zur Geldheirat oder zum langen Junggesellentum mit seinen Begleiterscheinungen gezwungen. Der Staat muß auch eine großzügige Wohnungspolitik treiben. Seinen Beamten und Arbeitern muß er überall Dienstwohnungen geben, aber nicht Mietskasernen mit all der Trostlosigkeit dieser Beamtenwohnhäuser, wie sie es jetzt sind, sondern hübsche schmucke Häuschen mit Garten, in denen sich die Familien wohlfühlen, in denen Kinder geboren werden und aufwachsen können. Viel wichtiger als hohe Gehälter und hohes Wohnungsgeld sind gesunde und behagliche Wohnungen. Nur durch sie ist eine Gesundung des Familienlebens und damit der Kindererziehung möglich.

Wohnungspolitik.

Es wird natürlich die erste Kindheit sein, die hauptsächlich unter der Pflege des Hauses steht. Ebenso aber wie das Haus die geistige Weiterbildung des Kindes nicht allein fortführen kann, sondern wie es da die Mithilfe der Öffentlichkeit braucht, so muß der Staat auch für die körperliche Entwicklung aller seiner Bürger in gleicher Weise sorgen.

Das ist bisher durch die Schule versucht worden, freilich ganz ungenügend. Zwei bis höchstens drei Turnstunden, von denen im Sommer dann und wann eine zum Baden und Schwimmen, im Winter zum Schlittschuhfahren verwandt wurde. Die ungenügende körperliche Ausbildung unserer Jugend, vor allem der der höheren Schulen, hat sich ja auch im Kriege gezeigt und hat da schon zu Versuchen geführt, sie zu ändern. Diese Art der militärischen Vorbereitung ist aber nur ein Notbehelf gewesen. Wir müssen um der Gesundheit unserer Jugend willen viel mehr tun. Jedes deutsche Kind, vor allem das der Großstadt, muß jeden Tag eine Stunde geregelte körperliche Übungen anstellen, und dazu noch sich austummeln im Schwimmen und im Sonnenbad, auf der Spielwiese und auf der Eisbahn.

Aber das kann nur geschehen, wenn wir die Ausbildung des Körpers als gleichwichtig und gleichberechtigt neben die des Geistes stellen. Das kann die Schule nicht leisten. Somit muß die körperliche Ausbildung und die der Sinne von der Schule gelöst werden. Es wird ihr grundsätzlich

Die körperliche Ausbildung gleichberechtigt der geistigen.

der Nachmittag zugewiesen, während der Vormittag dem wissenschaftlichen Unterricht bestimmt ist.

Wie das Turnen, so sind auch die Künste und Fertigkeiten — Singen, Zeichnen und Nadelarbeit der Mädchen — auf den Schulen höchst stiefmütterlich bedacht.

Das ist ja auch ganz natürlich, haben sie doch ursprünglich nichts mit ihr zu tun und sind aus reiner Verlegenheit in sie hineingekommen.

Trennen wir diese obengenannten Fächer vom Schulunterricht, so bietet das verschiedene Vorteile. Die wissenschaftlichen Stunden der höheren Schulen bewegen sich in der Zahl 22—28. Man kann sie allgemein auf 24 ansetzen. Das gibt 4 Stunden täglich wissenschaftlichen Unterricht. Die sogenannten technischen Fächer haben zu dem zusammengelegten fünfstündigen Unterricht gezwungen und, da dieser doch für die Schüler zu anstrengend war, zur Stunde von 45 Minuten. Wir geben so in 3³/₄ Zeitstunden 5 Schulstunden. Da man aber bei 32, 33 oder 34 Schulstunden den Unterricht nicht auf den Vormittag zusammenpressen konnte, denn 6 Stunden lassen sich nur einmal wöchentlich den Kindern zumuten, so muß doch der Nachmittag herzugezogen werden. Das zwingt die Schüler oft, einer oder zwei Schulstunden wegen den ganzen Nachmittag zu verlaufen oder zu verfahren, manche haben auch mit der Elektrischen oder der Hochbahn etwa ³/₄ Stunde vom Hause zur Schule. Früh müssen sie ¹/₄8 von Hause fort und kommen ¹/₄2 nachmittags wieder heim. Ist nun von 3—5 wieder Unterricht, so müssen sie vom Mittagstisch hinweg und kommen etwa ¹/₂6 Uhr nach Hause. Und dann sollen sie noch 1—2 Stunden Schularbeiten erledigen. Tausende von Schülern und Schülerinnen müssen mit solchen Unbequemlichkeiten, ja vielmehr mit solchen Opfern eine Turn- und eine Gesang-, oder eine Zeichenstunde sich erkaufen, während etwa 5 Minuten von ihrer Wohnung eine gute Turnhalle, ein schöner Gesangraum, ein heller Zeichensaal sich befindet. Die Folge davon sind eine Unmenge Befreiungen von diesen Unterrichtsfächern, die auf Grund der Zeugnisse des Hausarztes ausgesprochen werden müssen.

Man teile jede Stadt in Bezirke ein, wie man es für die Volksschule schon tut, und lasse alle Kinder des Bezirks gemeinsam turnen, spielen, schwimmen, singen und zeichnen.

Für das Turnen bildet man große Turngemeinden, in denen nach ihrer Geschicklichkeit die Einzelnen bestimmten Riegen zugewiesen werden. In diesen Riegen steht jeder als guter Kamerad neben dem anderen, der Sohn des Ministers neben dem des Kanzleidieners, die Tochter des Kommerzienrats neben der der Waschfrau. Hier zeigt jeder, was er leistet, und wird darnach bewertet. Der Tagelöhners-Sohn ist Vorturner und der des Fabrikbesitzers turnt unter seiner Anleitung. Das ist demokratisch, das wird die verschiedenen Stände einander nähern, das schafft auch den rechten Ton untereinander und das führt unser Volk wieder zusammen, mehr als es die Einheitsschule je tun kann, die, wie ich fürchte, eher trennend wirkt und die Gegensätze verschärft. Denn in der Einheitsschule sind die Kinder vom 6. bis höchstens zum 10. Jahre zusammen, gehen dann auseinander und sehen sich nie wieder. Auf dem Turnplatz sind sie aber solange in derselben Riege oder in derselben Spielerschaft und Wandererschaft, wie die Pflicht zur körperlichen Ausbildung dauert, d. i. also bis zum Abgang von der höheren Schule oder bis zum Ende der Fortbildungsschulzeit. Wird sich da zwischen jungen Leuten, die gemeinsam geturnt, geschwommen, gerudert, gespielt oder gewandert haben, wird sich da nicht eine viel engere Kameradschaft bilden, werden sie sich nicht viel besser verstehen, sich kennen lernen, sich gegenseitig abschleifen und bilden können, als die Kinder der Einheitsschule in den ersten drei Jahren? Wer erinnert sich denn als Mann, als Frau noch der kleinen ABC-Schützen, mit denen er zusammengesessen hat, wenn es nicht Kinder befreundeter Familien gewesen, wenn es nicht Jugendfreunde geworden sind? Turngemeinde.

Für die schwächlichen Kinder, für die mit einem siechen und kranken Körper, sorgt besonderer Unterricht, sorgt Heilturnen und orthopädisches Turnen.

Der Turnunterricht überhaupt wird von der Fessel des Klassenunterrichtes befreit. Ist schon im allgemeinen der Klassenunterricht ein sehr roher pädagogischer Notbehelf des Massenunterrichts, so ist er gerade beim Turnen, bei der Ausbildung des Körpers und seiner Sinne ganz vom Übel, da ja die Anlagen so grundverschieden sind. Hier ist das Riegensystem, die Verteilung nach den Leistungen das unbedingt Gegebene.

Zeichnen und Singen.

Wie für das Turnen gilt das auch für Zeichnen und Singen. Warum den geschickten Zeichner, den guten Sänger, den musikalisch schon Gebildeten mit den schlechten Schülern, dem Mittelmaß zurückhalten? Warum ihm sein Lieblingsfach in der Schule verekeln? Warum es mit dem Fluche der Langeweile behaften? Die körperlich Gewandten, die künstlerisch Veranlagten könnten ganz anders gefördert werden, als es jetzt möglich ist.

Ja, wird man sagen: Woher all die Räume und Plätze nehmen? Die sind schon da! Alle Schulen haben Turnhallen, Zeichensäle, Räume für den Gesangunterricht passend. Die Schulhöfe geben gute Spiel- und Turnplätze, und dazu kommen noch die großen und kleinen Exerzierplätze in den Städten und an derem Rande. Schwimmbäder sind zumeist vorhanden oder lassen sich mit geringen Kosten in jeder Stadt und fast in jedem Dorfe herrichten, und ein Platz, der als Sonnen- und Luftbad dienen kann, ist wohl überall dabei zu finden.

Wo sollen aber die Lehrer herkommen, wenn jeder Deutsche bis zum 18. Jahre turnen, schwimmen, singen und zeichnen, jedes Mädchen Nadelarbeit treiben soll? Ein großer Teil ist auch da. Ferner aber verweise ich auf die vielen Tausende von Offizieren und von Kriegswitwen, die hier eine schöne Aufgabe finden würden. Die meisten von ihnen könnten in den Turnlehrerbildungsanstalten bald ausgebildet werden. Für besonders Musikalische oder für zeichnerisch Veranlagte öffnet sich in der Laufbahn des Gesang- und Zeichenlehrers oder -lehrerin eine schöne und befriedigende Tätigkeit.

Von dem Erstrebten und Erreichten werden dann Schauturnen, Turnfeste, Gesangvorführungen, Zeichenausstellungen jährlich Rechenschaft ablegen. Sie werden uns auch die Volksfeste schaffen, deren Fehlen wir so schmerzlich vermissen.

Volksfeste.

Wenn die gesamte Jugend einer Stadt auf dem Anger zeigt, was sie im Jahre geleistet hat, wenn sie im Festzuge hinauszieht, zu Freiübungen sich vereinigt, zum Gerätturnen sich teilt, wenn die besten Turner und Turnerinnen dann um den Eichenkranz ringen, wenn der Sohn des Bürgermeisters und der des Nachtwächters, die Tochter des Großkaufmannes und die eines schlichten Arbeiters, kurz, wenn aller Stände Kinder, dort vereinigt, gemeinsam turnen und spielen und um den Siegerpreis kämpfen: dann nimmt die ganze Stadt lebhaften Anteil, dann gehen auch die Eltern mit hinaus, Vater und Mutter, zu sehen, was das Kind leistet, sich zu freuen mit ihm, es anzuspornen, dann sprechen die Eltern der verschiedenen Kinder ganz unwillkürlich miteinander und setzen sich zusammen, dann wird dieser Jugendtag auch das Fest aller Eltern, ein richtiges Volksfest.

Gesangfeste hätten dieselbe Wirkung, und die Ausstellungen der Zeichenarbeiten und der sonstigen künstlerischen Leistungen würden Eltern und Kinder aller Volksschichten einander menschlich näher bringen. Natürlicherweise werde ich an einem Jungen oder einem Mädchen, dessen Leistungen sich über den Durchschnitt erheben, mehr Anteil nehmen, wenn es in meinem Hause, meiner Straße wohnt, wenn ich ihm täglich oder öfter begegne, als wenn ich es niemals zu Gesicht bekomme. Die Teilnahme, die ich im Augenblicke des Beschauens einer hervorragend gut ausgeführten, einer künstlerischen Zeichnung habe, verschwindet wieder, wenn der Verfertiger mir unbekannt bleibt.

Soll auch die öffentliche Erziehung an ihrem Teile zur Versöhnung der Gegensätze, zur Näherung der Stände in unserem Volke beitragen, so geschieht es auf diesem Wege am allereinfachsten und allerbesten. Aber nicht nur aus diesem Grunde schlage ich diese Abtrennung und Selbständigmachung der körperlichen und künstlerischen Erziehung vor, sondern weil ich sie für so überaus wichtig für unser Volk halte und weil sie nur auf diese Weise ihren segensreichen Einfluß ausüben kann.

Anderseits! Ist die Schule von diesen Unterrichtsfächern entlastet, so hat sie selbst die mannigfachsten Vorteile. Abgesehen davon, daß täglich eine Turnstunde, eine Spielstunde, Schwimmen usw. sich im Stundenplane gar nicht durchführen ließe, erschweren schon jetzt diese Stunden gar sehr die Aufstellung des Stundenplanes und zwingen zu den merkwürdigsten und gesundheitswidrigsten Zusammenstellungen. Ein sehr erfahrener Gymnasialdirektor und Universitätsdozent sagte in seinen Vorlesungen: „Ich bringe erst die Turnstunden unter, dann die Zeichenstunden; der wissenschaftliche Unterricht muß sich nach ihnen richten.“ Ferner ist ein gut gegebener Turn-, Zeichen- und Singunterricht keine Erholung, sondern auch eine starke geistige Anstrengung. Jeder, der nach einer straffen Turnstunde einmal ein Extemporale selbst geschrieben oder hat schreiben lassen, weiß dies. Auch lenken diese Fächer, so mitten in den anderen Unterricht eingeschoben, die Schüler doch gewaltig ab und vermehren das Vielerlei, dem der Schüler Teilnahme beweisen soll. Endlich kann dann die Schule auf den fünfstündigen Vormittagsunterricht und die verkürzte Unterrichtszeit verzichten. Die Schule wird wieder ihre vier vollen Stunden währen wie in früherer Zeit.

Ist die Ausbildung des Körpers und besonders der Hand, des Auges und des Ohres der Schule genommen, so bleibt ihr noch die des Verstandes und des Gemütes.

Zwar liegt die letztere vorzüglich dem Hause ob, aber die Schule kann und muß all die Gemütswerte auslösen, die im Lehrstoff vorhanden sind. Das kann sie in viel reicherem Maße tun, als es jetzt geschieht.

III.

Wie soll nun diese neue Schule beschaffen sein? Sie muß natürlich die Fehler des alten Bildungswesens vermeiden. Da waren, wie wir gesehen haben, als solche der äußeren Organisation zu nennen: die Zusammenhangslosigkeit, das bloße Nebeneinander der Schulen und die schlechte Verteilung über Stadt und Land.

Organischer Aufbau.

Ein organischer Aufbau unseres ganzen Bildungswesens ist unbedingt nötig und muß geschaffen werden, nur darf dieser Aufbau *allein nach erzieherischen, nach pädagogischen Grundsätzen* geschehen; andere, soziale oder parteitaktische, mögen sie an und für sich auch noch so gut gedacht sein, dürfen nicht mitsprechen.

Nun hat man sich auf die allgemeine Volksschule, die Grundschule, festgelegt. Das ist eine Forderung des Erfurter Programms, entsprechend der materialistischen Geschichtsauffassung, die eine mechanische Gleichmacherei mit sich bringt. Diese Grundschule, soweit sie verlangt, daß alle Kinder ohne Unterschied der Begabung und der Anlage denselben Unterrichtsstoff in derselben Zeit gelehrt bekommen, ist ein pädagogischer Rückschritt schlimmster Art. Jeder Kulturfortschritt besteht in Verfeinerung, in Verästelung, in Differenzierung. Wir finden das in der Wissenschaft, in der Kunst, im Handwerk, im Gewerbe, in der Landwirtschaft, in der Tierzüchterei, kurz, im ganzen werktätigen Leben. Wie gering war noch vor 100 und 150 Jahren die Schichtung unseres Volkes, als die Berufe des Bauern und des Bürgers, d. h. des Handwerkers überwogen, wieviel feiner geschichtet ist unser Volk jetzt, wie unzählig viel Berufe finden sich jetzt in ihm. Demgemäß sind auch die Interessenkreise dieser Leute sehr verschieden und ihre Lebenskreise ebenfalls. Dasselbe gilt für ihre Kinder. Ist es da pädagogisch nicht eine Sünde, Kinder dieser verschiedenen Kreise auf ein und dieselbe Schulbank zu pressen? Die neue Pädagogik geht vom Lebenskreis des Kindes und seinen Vorstellungen aus. Ist es da nicht ein pädagogischer Unsinn, Kinder mit ganz verschiedenen Vorstellungswelten zusammenzubringen? Soll die Grundschule einen Sinn haben, so dürfen die Kinder nicht wahllos in ihr vereinigt werden, sondern sie müssen nach dem Umfange und der Klarheit ihrer Vorstellungen in verschiedene Abteilungen geteilt werden. In solchen Abteilungen mit gleichmäßigen Schülern ist auch eine gleichmäßige Förderung möglich. Der Lehrer kann in der einen Abteilung schneller vorwärts gehen, in der anderen langsamer, er wird hier bei dem Punkte länger verweilen, dort bei jenem; er weiß dann auch, welche Vorstellungs- und Anschauungsgruppen er im Unterrichte hervorheben muß, gründlicher behandeln oder schneller übergehen kann.

Die Grundschule.

Keine mechanische Gleichmacherei.

Die Grundschule in ihrer mechanischen Gleichheit ist aber auch eine Ungerechtigkeit und pädagogische Versündigung an den Schülern selbst und gerade an den ärmeren. Sind die Kinder schon bei ihrem Eintritt nicht gleich, so werden die Unterschiede im Laufe des Schul-

Trennung nach Begabung und Anlage.

jahres nur noch größer. Für das Kind einer wohlhabenden oder einer gebildeten Familie wird vom Hause viel mehr gesorgt, es wird viel besser behütet und geführt, als das Kind aus armem Hause. Ersteres hat sein gutes Bett, ein gesundes Schlafzimmer. Es kann ruhig schlafen, bis es zur rechten Zeit geweckt wird. Sein Anzug ist sauber, die Mutter hilft beim Ankleiden, sorgt für sein Frühstück, auch dafür, daß es zur rechten Zeit zur Schule kommt. Nach der Schule, am Nachmittage, überwacht sie seine Schularbeiten, geht mit ihm spazieren, behütet seine Spiele und seinen Umgang, kurz, ein solches Kind wird gehegt und gepflegt. Auch seine Ernährung ist eine bessere, zum mindesten eine bekömmlichere. Wie steht es dagegen vielfach mit den Kindern ärmerer Kreise? Da schlafen oft mehrere Kinder in einem Bette. Die Kinder kommen gewöhnlich später zur Ruhe und müssen zeitiger aufstehen. Oft muß die Mutter früh zur Arbeit gehen. Dann muß der kleine Bursche oder das kleine Mädel noch für die Geschwister sorgen, das Frühstück richten, das Zimmer aufräumen oder sonstwelche Arbeit tun. Es hat schon eine oder sogar mehrere Stunden gearbeitet, ehe es zur Schule kommt. Um seine Schularbeiten kümmert sich niemand; auf einer Tischecke, auf dem Fensterbrett, unter dem Lärmen der spielenden Geschwister, so und so oft von der Mutter zu Besorgungen abgerufen, muß es sie anfertigen. Wer von beiden Kindern wird wohl in der Schule mehr leisten? Sind das gleiche Bedingungen? Ist es nicht ein Unrecht, vom zweiten Kinde dasselbe zu verlangen wie vom ersten? Darum muß auch der Lehrplan für diese Grundschule und besonders für die Anfangsklasse nicht dem starren System angehören, sondern möglichst frei sein. Es muß möglich sein, die Kinder, die noch nicht ganz schulreif sind, durch Anschauungsunterricht und durch die langsame Einführung, wie es in der Spielschule, im Kindergarten geschieht, erst schulreif zu machen. Überhaupt soll die Aufgabe der Grundschule nicht darin bestehen, viel Neues dem Kinde zu bringen, sondern darin, das Alte zu ordnen, zu sichten, das Kind Anschauen und Beobachten zu lehren. Denn das ist ein großer Mangel unserer Erziehung: unsere Kinder, durch das ungeheuer Viele der Eindrücke verwirrt, können nicht anschauen, nicht sehen.

Sie sind gar nicht gewohnt, auf Einzelheiten zu achten, ein Ding genau zu betrachten, das Wesentliche, Kennzeichnende, das Eigentümliche einer Sache zu finden. Am schlimmsten steht es damit bei den Großstadtkindern, wie denn auch die Phrase, das Schlagwort unter den Großstadtmenschen die meisten Anhänger findet.

Sollen also die Grundschulen nicht zu einer pädagogischen Ungeheuerlichkeit werden, so muß bei der Aufnahme der Anfänger schon eine Trennung nach Begabung und Anlage eintreten. Es muß ferner auch die Möglichkeit bestehen, die besser Begabten schneller zu fördern. Rechnet man mit einem vierjährigen Lehrgang, so können auch Schüler in drei Jahren dieses Ziel erreichen.

Von dieser Grundschule muß dann der Übergang in jede Art von Schule möglich sein, die der Begabung des Kindes und dem Wunsche der Eltern entspricht. Denn diese dürfen in keiner Weise ausgeschaltet werden. Sie sind und bleiben nach wie vor die Erziehungsberechtigten und Erziehungsverpflichteten. Jedoch sollen bei der Frage der Wahl einer Schule und eines Berufes mehr als bisher der Lehrer, der Arzt und der Psychologe um Rat gefragt werden. Bei dem Eintritt in ein neues Schulsystem hat der Schüler ein begründetes Urteil dieser drei Stellen vorzulegen. Nur mit ihrer Zustimmung kann er in eine öffentliche Schule aufgenommen werden. Hingegen steht es den Eltern frei, ihr Kind in eine Privatschule zu schicken. Denn Privatschulen müssen gestattet sein. Sie bieten auch die beste Möglichkeit, etwaige fehlerhafte Urteile auszugleichen. Allerdings wird der Staat seine Beamten und Lehrer nur aus Schülern der Staatsschulen nehmen.

Die Eltern die Erziehungsberechtigten.

Diese Staatsschulen gliedern sich in folgende drei Züge:

Die Staatsschule.

1. Die Volksschule mit ihren Fortsetzungen in der Fortbildungsschule und den niederen Fachschulen. Sie endet in der Volkshochschule.
2. Die Mittelschule (Bürgerschule). Sie führt zu den mittleren Fachschulen, zum Technikum und nach

einer **Prüfung zur technischen Hochschule** und zur **Universität**.

3. Die **höhere Schule**. Sie bereitet **unmittelbar zum Hochschulstudium vor**.

Übergänge.

Innerhalb dieser Schulgattungen müssen **Übergänge** von einer zur anderen geschaffen werden. Es muß auch dem Volksschüler im 12. und 13. Jahre noch möglich sein, durch die Mittelschule zur höheren Schule zu kommen. Dieser Umweg durch die Mittelschule ist zum besten des Kindes einzuschlagen. Es läßt sich oft nicht genau feststellen, ob die guten Leistungen davon herrühren, daß das Kind klar denkt oder gut auswendig lernt, also daß sie auf dem judiziösen oder dem mechanischen Gedächtnis beruhen. Wird nun letzteres erst auf der höheren Schule festgestellt und damit auch, daß der Schüler für diese Schule ungeeignet ist, so wird das Kind fürs Leben geschädigt. In die Volksschule paßt es nicht mehr; in die Mittelschule zu gehn, duldet der Ehrgeiz und das Ehrgefühl der Eltern und des Kindes nicht; so kommt es auf die Privatschule, drückt sich in den Klassen herum und geht endlich mit einer mangelhaften Halbbildung ab. Auf der Mittelschule kann das Kind nochmals geprüft werden, ob es für die höhere Schule geeignet ist.

Zerklüftung des höheren Schulwesens.

Unser höheres Schulwesen leidet an einer starken Zerklüftung, auch hier fehlt die Einheitlichkeit. Die Folge ist, daß die Eltern schon bei einem neunjährigen Kinde sich entscheiden müssen, ob es auf das Gymnasium, das Realgymnasium oder die Oberrealschule kommen soll, und daß so viele Kinder auf die ungeeigneten Schulen kommen. Es ist daher unbedingt nötig, die Entscheidung hinauszuschieben. Das geschieht, wenn wir erst einen **einheitlichen Unterbau für alle höheren Schulen** schaffen.

Ein Schulsystem.

Die **höhere Schule** mit dem alt-, dem neusprachlichen und dem naturwissenschaftlichen Zweig muß **ein** Schulsystem sein mit drei verschiedenen Klassenzügen, so daß auch in ihm der Übergang noch möglich ist. Es muß hier, wie überhaupt für unser ganzes Schulwesen, der Grundsatz gelten: **Weniger Zwang, mehr Freiheit**. Weniger Zwang zur Viellernerei und Vielwisserei, mehr Freiheit, viel und gründlich zu lernen. Der Schüler mit Durchschnittsbegabung soll nicht unter der Last des Lernens fast erliegen, stumpf und betrügerisch werden; der Hochbegabte soll nicht in den Lehrplan eingeschränkt werden, er soll Freiheit haben, soviel zu lernen, wie er kann und mag.

Das bedingt natürlich, daß auch innerhalb der Schularten Übergänge von einer zur anderen immer möglich sind. Stellt sich z. B. beim Volksschüler im 12. Lebensjahre eine besondere gute Anlage heraus und ist es der Wunsch der Eltern, so erhält er Unterricht in einer Fremdsprache und geht dann noch auf die Mittelschule über. Ist er ganz besonders begabt, so holt er in der Mittelschule die zweite Fremdsprache nach und kommt auf die höhere Schule. Aber dieser Übergang muß auch noch später möglich sein. Ein außergewöhnlich tüchtiger Schüler einer niederen Fachschule soll stets die Möglichkeit haben, auf eine mittlere Fachschule zu kommen, ebenso wie der einer mittleren auf die Hochschule.

Dieser Aufbau, diese Übergangsmöglichkeiten und endlich die höhere Schule mit ihren drei Klassenzügen ermöglicht auch eine bessere Verteilung der Schulen und da wieder besonders der höheren über das Land.

Klassensysteme in kleinen Orten.

Schon in ganz kleinen Orten können Klassensysteme höherer Schulen eingerichtet werden. Sind in einer kleineren Stadt genügend Schüler vorhanden, die auf die höhere Schule wollen, so richtet die Stadt eine Klasse oder zwei ein mit dem Grundplane der höheren Schule und den Parallelkursen und bringt die Kinder bis zur Oberstufe. Sie sind so etwa bis zum 14. oder 15. Jahre zu Hause unter mütterlicher Obhut und väterlicher Zucht. Unter der Leitung eines älteren, erfahrenen Oberlehrers unterrichten hier Studienassessoren und jüngere Oberlehrer. Sie haben da den Vorteil, bei kleineren Klassen sich in den Beruf einzuarbeiten, den Schülern persönlich näherzutreten und sie in ihren Anlagen und Neigungen kennen zu lernen. Diese Schulen, gleichsam Unter- und Mittelstufen der höheren Schule, geben für die Oberstufe die Schüler an die nächste höhere Schule ab, wo sie nach ihren Fähigkeiten in einen der drei Klassenzüge eintreten.

Schon jetzt gibt es ja diese Möglichkeit in Preußen durch die Mittelschule, die so eingerichtet werden kann, daß sie auf eine bestimmte höhere Schulart (Gymnasium, Realgymnasium usw.) vorbereitet. Mit Recht aber haben sich die Lehrer der Mittelschulen gegen diesen Abweg gewehrt. Nein, diese Schulart soll in ihrer Eigenart völlig erhalten bleiben! Sie wird jetzt in ihren untersten zwei Klassen in der-Hauptsache den untersten Klassen der höheren Schule gleichen, vor allem wenn wahlfreies Englisch mitgenommen wird. Ein Schüler der Mittelschule kann noch mit 12 Jahren ohne weiteres auf die höhere Schule übergehn.

Die Verteilung der höheren Schulen über das Land muß unter Anlehnung an den jetzigen Zustand planmäßig geschehen. Sie müssen in größere und kleinere Verkehrs- und Wirtschaftsmittelpunkte gelegt werden, die so auch zu kleinen geistigen Zentren werden. Die Akademiker sind auch die gegebenen Lehrer an den Volkshochschulen dieser Orte.

Eine solche planmäßige Verteilung der höheren Schulen über das ganze Land würde eine Umgestaltung des Schuljahres und der Ferien ermöglichen. Unsere Ferienordnung rührt noch aus Urgroßvaters-, aus der Postkutschen-Zeit her und von jener Zeit, wo die Landwirtschaft weit überwog. Die Großen Ferien sind die Tage der Getreideernte, die Ernteferien, sie beginnen fast genau mit dem Roggenschnitt. Wir denken unwillkürlich an die alte Bestimmung über die Besoldung des Dorfschulmeisters, daß er in der Ernte auf Tagelohn gehen könne. Wir erinnern uns des Gothaer Schulmethodus, wonach der Unterricht „in der Ernte in den Dörfern sechs, in den Städten aber vier Wochen eingestellt“ werden soll. Die Michaelisferien heißen noch jetzt vielfach Kartoffelferien. Vor Pfingsten wird am Freitag die Schule geschlossen, damit die Schüler am Sonnabend nach Hause reisen können. Aber 95 Proz. der Auswärtigen sind schon am Freitage daheim, denn die Eisenbahn legt in wenigen Stunden die Strecke zurück, zu der die Postkutsche einen Tag brauchte. Ebenso rechnet man am Ende der Ferien mit einem vollen Reisetag.

Ferien.

Durch die Bedingtheit der Großen Ferien von der Landwirtschaft erklärt sich auch die ungleichmäßige Verteilung der Ferien über das ganze Jahr. Im Sommerhalbjahr von April bis Ende September haben wir 1 Woche Pfingst-, meist 5 Wochen Große Ferien, 10 Tage Michaelisferien, also 7 Wochen; daneben rund 17—19 Schulwochen. Im Winter gibt es 22—24 Schulwochen und 4 Wochen Freizeit. Das ist ja allgemein bekannt, und es sind eine ganze Anzahl von Änderungsvorschlägen gemacht worden, die zumeist nur auf eine Verlegung der Ferien hinauskommen. Ich meine, man muß diese Frage von einem ganz anderen Standpunkt aus anpacken. Sind diese vielen Ferien notwendig? Bei der jetzigen Einrichtung unseres Schulwesens gewiß! Wie es jetzt steht, würden weder Lehrer noch Schüler ein Jahr ohne Ferien aushalten, sie würden nervös zusammenbrechen. Ist aber dieser Zustand, ist die unbedingte Notwendigkeit der Ferien nicht ein Beweis für die Verkehrtheit der Lehrpläne? Muß nicht ein bedeutender innerer Fehler im Schulwesen vorliegen, wenn Männer und Frauen nicht imstande sind, in ihrem erwählten Berufe ohne längere und öftere Erholung ein Jahr zu arbeiten? Ist es nicht ein Zeichen dafür, daß die Lehrpläne unpsychologisch sind, daß unsere Jugend dabei gar nicht berücksichtigt worden ist, wenn auch diese, unsere frischen, gesunden Jungen und Mädchen, durch ein Jahr ununterbrochene Schule an den Rand körperlicher und geistiger Gesundheit gebracht werden? Diese vielen und langen Ferien schreien ja geradezu nach einer Entlastung unserer Lehrer und Schüler, nach einer gründlichen Umgestaltung der Lehr- und Stundenpläne. Und dazu müssen wir uns vor Augen halten: die Schule ist der Kinder wegen da, nicht umgekehrt. Wir müssen festsetzen 18 Stunden Unterricht für die Volksschulen, 20 für die Unterklassen der Mittel- und Bürgerschulen, 24 Stunden für die oberen Klassen der Mittelschulen und für die höheren Schulen. Also 4 Stunden täglich wissenschaftlicher Unterricht. Nicht mehr! Dafür Beschneidung der Ferien und Umlegung. Die Großen Ferien fallen fort. Die Michaelisferien am Ende des Sommerhalbjahres werden auf 14 Tage erweitert. Die Pfingstferien werden auf 3 Tage beschränkt. So gibt es nur Ferien: am Ende des Schuljahres 3 Wochen,

Notwendigkeit der Ferien.

Beschränkung der Ferien.

zu Pfingsten 3 Tage, am Ende des Sommerhalbjahres 2 Wochen, zu Weihnachten 1¹/₂ Wochen, zusammen 7 Wochen. Dafür steht jedem Lehrer nach 5 Jahren ein Vierteljahr Urlaub zu, den er zur Weiterbildung in Pädagogik oder in seiner Fachwissenschaft zu verwenden hat. Er kann dazu eine Reiseunterstützung vom Ministerium erhalten. Dieser längere Urlaub ermöglicht erst den Lehrern, die wissenschaftliche Weiterarbeit so zu pflegen, wie es nötig ist, um nicht allmählich zum Lehrhandwerker herabzusinken. Daß die Pflichtstundenzahl aller Lehrer zu beschränken ist, halte ich für ganz selbstverständlich. Jetzt kann der gewissenhafte Lehrer nur auf Kosten seines Familienlebens oder seiner Gesundheit noch wissenschaftlich weiterarbeiten. In den Schulen ist alle 4 Wochen ein Tag zu naturwissenschaftlichen, erdkundlichen, geschichtlichen Ausflügen frei. Die oberen Klassen der höheren Schulen können auch sogenannte Studientage dafür einlegen. Auch mehrtägige Wanderungen können unternommen werden.

Urlaub zur Weiterbildung.

Gewinnen wir 3 Schulwochen, so sind das 60—72 Stunden. Wir können eben dadurch die einzelne Schulwoche um 1 bis 2 und mehr Stunden entlasten. Oder drücken wir das anders aus! Ein Unterrichtsfach mit 5 Wochenstunden hat jetzt ungefähr 190 Stunden im Jahre. Künftig bei 45 Schulwochen genügen 4 Wochenstunden, um mit 180 Jahresstunden fast dasselbe zu erreichen. Man braucht sich nur noch zu vergegenwärtigen, daß bei weniger Ferien nicht so viel Wiederholungen nötig sind. Durch diese Verkürzung gewinnen wir in 8 Jahren über ein halbes Schuljahr, ermöglichen es, unsere höheren Schulen achtjährig zu gestalten, und können in diesen acht Jahren fast dasselbe erreichen wie jetzt in neun. Die langen und vielen Ferien werden auch nicht notwendig sein, wenn unsere Jugend nicht so viel auf der Schulbank sitzen muß und wenn sie durch tägliches Turnen, Schwimmen, Schlittschuhlaufen, Rudern, Marschieren den Körper stählt.

Auf der vierklassigen Grundschule bauen sich einerseits weitere vier Klassen der Volksschule auf, andererseits sechs Klassen der Mittel-(Bürger-)Schule und acht Klassen der höheren Knabenschule. Die höhere

Mädchenschule setzt sieben Klassen auf, deren letzte eine Frauenschulklasse ist.

All diese Schulen haben einen gemeinsamen Grundstein in der Deutschkunde. Der Gebildete darf sich nicht mehr allein durch die Kenntnis fremder Sprachen oder durch den richtigen Gebrauch von Fremdwörtern von Ungebildeten unterscheiden. Nein! Der ist gebildet, der einen tieferen Einblick in seines Volkes Werdegang, in seiner Heimaterde Geschichte, in seiner Sprache Entwicklung getan hat. Der Unterschied zwischen Gebildet und Ungebildet darf nur noch ein stufenweiser sein, nicht wie bis jetzt einer zweier Völker. Denn wie zwei Völker, die nur wenig Berührungspunkte hatten, haben wir nebeneinander gelebt. Wir haben uns nicht verstanden, wir sprachen gleichsam zwei fremde Sprachen. Wir haben den Riß, den der Humanismus geschaffen hatte, nicht zu überbrücken und zuzuheilen vermocht. Das ist unsere, der Gebildeten, Schuld an der Revolution.

Die Deutschkunde der Grundstein.

So bildet die gemeinsame Grundlage der deutschen Bildung das deutsche Volkstum, wie es sich in Sprache und Schrifttum, in der Geschichte der äußeren und inneren Entwicklung, in Wissenschaft und Kunst, kurz gesagt, in seiner Kultur ausdrückt.

Diese Deutschkunde gibt der deutschen Bildung die Geschlossenheit, die Einheit. Nicht in einer mechanischen Gleichheit soll die Einheit bestehen, sondern in einer einheitlichen Grundlage für alle Bildungswege, die der Verschiedenheit der Anlage gemäß oder nach dem Wunsche der Eltern und der Kinder eingeschlagen werden.

Einheit der deutschen Bildung.

Das Bild unseres deutschen Schulwesens gestaltet sich also folgendermaßen:

Knabenschulen.

Volkshochschule.

Lebens-, Schuljahr		
		Übergang zur mittleren Fachschule
18.	12.	Fortbildungs- und Fachschulen
17.	11.	
16.	10.	
15.	9.	
		Volksschule. Lehrfächer:
14.	8.	Religion, Erdkunde
13.	7.	Deutsch, Naturkunde
12.	6.	Rechnen, Geschichte
11.	5.	

Lebens-, Schuljahr		
		Übergang zur Hochschule
19.	13.	Mittlere Fachschulen Technikum
18.	12.	
17.	11.	
		Mittelschule. Pflichtfächer:
16.	10.	Religion
15.	9.	Deutsch
14.	8.	Rechnen, Mathematik, Geschichte
13.	7.	Erdkunde
12.	6.	Naturkunde
		Wahlfach:
11.	5.	Eine Fremdsprache (Englisch)

Lebens-, Schuljahr				
22.	16.		Universität Technische Hochschule	
21.	15.			
20.	14.	Pädagogische Akademie		
19.	13.			
		Höhere Knabenschule.		
		Altsprachlich	Neusprachlich	Naturwissenschaftlich
18.	12.			
17.	11.			
16.	10.			
15.	9.	Latein	Latein oder andere Fremdsprache	
14.	8.			
13.	7.	Griechisch	Französ.	Mathematik Naturwissenschaft
12.	6.			
11.	5.	Englisch		

Pflichtfächer:
Religion
Deutsch
Geschichte
Erdkunde
Mathematik
Naturwissensch.
Englisch

Wahlfächer für die einzelnen Zweige:
Griechisch
Latein
Französisch
Neue Sprachen

Übergang zur Mittelschule — Übergang zur höheren Schule

Lebens-, Schuljahr		
10.	4.	
9.	3.	**Grundschule** (für besonders Befähigte 3jährig).
8.	2.	Lehrfächer: Religion, Deutsch, Rechnen, Heimatkunde.
7.	1.	

Mädchenschulen.

Volksschule

Lebens-,	Schul-jahr	
18.	12.	Fortbildungs- und
17.	11.	Fachschulen
16.	10.	Pflichtfrauenschule
15.	9.	
		Volksschule.
		Lehrfächer:
14.	8.	Religion
		Deutsch
		Geschichte
		Erdkunde
13.	7.	Naturkunde
		Rechnen
12.	6.	Hauswirtschaft
11.	5.	Nadelarbeit

Mittelschule

Lebens-,	Schul-jahr		
19.	13.	Ausbildung in den weiblichen Berufen.	
18.	12.	2. Frauenschuljahr und Berufsausbildung	
18.	12.	Fachschulen	
17.	11.		
		Mittelschule.	
16.	10.	Frauenschuljahr	
		Pflichtfächer:	Wahlfach:
15.	9.	Religion	Eine Fremdsprache
14.	8.	Deutsch	(Englisch)
13.	7.	Rechnen u. Mathematik	
12.	6.	Geschichte, Erdkunde, Naturkunde, Nadelarbeit	
11.	5.	Hauswirtschaft	

Übergang zur Mittelschule

Höhere Mädchenschule

Lebens-,	Schul-jahr		
		Oberschule (Oberlyz.)	
19.	13.	Pflichtfächer wie in der höh. Mädchenschule; aber 2 Fremdsprachen und Psychologie	
18.	12.		
17.	11.		
		Höhere Mädchenschule.	
17.	11.	1. Frauenschuljahr	
		Pflicht-fächer:	Wahl-fächer:
16.	10.	Religion	Französisch
15.	9.	Deutsch	Neuere
14.	8.	Englisch	Sprachen
13.	7.	Geschichte	
		Erdkunde	
12.	6.	Rechnen	
		Mathematik	
11.	5.	Naturwissenschaften	
		Nadelarbeit	
		Hauswirtschaft im 10. Schuljahr	

Übergang zur höheren Mädchenschule

Grundschule

Lebens-,	Schul-jahr	
10.	4.	
9.	3.	**Grundschule** (für besonders Befähigte 3jährig).
8.	2.	Lehrfächer: Religion, Deutsch, Rechnen, Heimatkunde.
7.	1.	

Volksschule. Die Volksschule begnügt sich mit dem einfachsten, grundlegenden Wissen. Neben der Religion und der Deutschkunde pflegt sie noch Rechnen, das auch Flächen- und Körperberechnung umschließt, und Naturkunde. Letztere lehrt vor allem die Pflanzen und Tiere der Heimat kennen und die einfachen und wichtigsten physikalischen Vorgänge und Maschinen. Alles andere, das z. B., was jetzt die letzte Klasse der Volksschule lehrt, die außerdeutschen Länder, Außereuropa, schwerere physikalische Geräte und Erscheinungen, die außerdeutschen und außereuropäischen Pflanzen und Tiere, Bürgerkunde und was damit zusammenhängt, bleibt der Fortbildungsschule und den Fachschulen vorbehalten.

Mittelschule. Die Mittel- oder Bürgerschule, die sich mit 6 Klassen auf die 4 Klassen der Grundschule aufbaut, unterscheidet sich dadurch von der Volksschule, daß sie die Deutschkunde vertieft, die Realien ausführlicher behandelt und als Wahlfach eine Fremdsprache hinzunimmt. Aber nur als Wahlfach! Für unser ganzes Unterrichtswesen muß als Grundsatz gelten: Mehr lernen dürfen als andere, ist eine Belohnung. Gewiß, es muß ein gewisser Lernzwang ausgeübt werden, denn ein großer Teil unserer Jugend, besonders der männlichen, würde ohne diesen überhaupt nicht zur Schule gehn und lernen. Aber der Zwang soll nicht über die Leistungsfähigkeit des Einzelnen hinausgehn. Ein bestimmtes Maß muß jeder erfüllen. Er muß so viel lernen, als er für seine innere Bildung und für den Platz braucht, den er einmal ausfüllen soll. Aber weiter soll kein Zwang ausgeübt werden. Wohl aber soll den Wissenshungrigen mehr Freiheit und mehr Gelegenheit zum Lernen geboten werden. Der sprachbegabte Mittelschüler soll eine Fremdsprache, ja auch zwei oder drei lernen können. Es sei ihm auch Gelegenheit geboten, in die höheren Schulen überzugehen, obwohl das durchaus nicht nötig ist. Wenn nur das Weiterkommen im Leben nicht von den Zeugnissen abhängig gemacht wird, die einer auf der Schulbank ersessen hat. In unserer Beamtenschaft, auch in den Unter- und Mittelbeamten, steckt so viel Tüchtigkeit, gibt es so viele wirklich befähigte Menschen, daß es nur eine Bereicherung des Staates und der betreffenden Beamtenklasse ist, wenn diesen der

Zugang auch zu den höchsten Stellen freigemacht wird. Die sogenannte akademische Bildung, die vielfach in der Beherrschung gewisser gesellschaftlicher Formen gipfelt, darf nicht allein die Anwartschaft auf die Führung geben. Ebensowenig darf das Parlament der Weg sein, auf dem Strebertum und Maulfertigkeit sich die höchsten Plätze sichert, während der pflichttreue Beamte das Lasttier bleibt.

Der Grundpfeiler der Mittelschulbildung ist selbstverständlicherweise die Deutschkunde (Deutsch, Geschichte, Erdkunde). An sie schließen sich an Rechnen und Mathematik nebst Naturkunde. Die Verteilung der Stunden wäre folgende:

	Franz.	Englisch	Relig.	Deutsch	Gesch.	Erdk.	Rechnen	Math.	Botanik Zoolog.	Physik	Chemie	Schreib.	
1.	(4)	(4)	2	4 (6)	2	2	4 (6)		2	2	2	—	24
2.	(4)	(4)	2	6 (8)	2	2	4 (6)		2	2	—	—	24
3.	(4)	(4)	2	6 (8)	2	2	4 (6)		2	2	—	—	24
4.	—	(4)	2	6 (8)	2	2	4 (6)	—	2	—	—	1 (2)	24
5.	—	(4)	2	6 (8)	2	2	4 (6)	—	2	—	—	1 (2)	24
6.	—	—	2	8	2	2	4	—		—	—	2	20

Da die Schüler für die Mittelschule schon ausgewählt sind, so braucht es nicht so viel Stunden in den einzelnen Fächern. Die Fremdsprache vor allem wird mit der zugemessenen Zeit sehr gut auskommen, da ja nur Befähigte zugelassen werden. Die anderen erhalten im Deutschen und im Rechnen je 2 Stunden mehr, sogenannten Förderunterricht. In der 5. und 4. Klasse tritt noch eine Stunde Schreiben mehr hinzu.

Höhere Schule.

Die höhere Schule führt in der Deutschkunde auf die Quellen zurück, und gibt eine schärfere geistige Schulung durch Fremdsprachen, Mathematik und Naturwissenschaften.

Die höhere Knabenschule besteht aus einem vierjährigen Unterbau und einem ebensolchen Oberbau. Der Unterbau entspricht in den ersten zwei Klassen ganz dem der Mitelschule, nur ist eine Fremdsprache Pflichtfach, und zwar die englische. Grundsätzlich wollen wir daran festhalten, daß zur höheren Bildung auch die Kenntnis wenigstens einer Fremdsprache gehört. Abgesehen davon, daß wir uns nicht auf einmal so gänzlich abschließen können, während alle anderen Völker in ihren höheren Schulen fremdsprachlichen Unterricht als Pflichtfach haben, so bedeutet die Beherrschung einer anderen Sprache eine große innere Bereicherung *).

Gabelung. Nach zwei Jahren gabelt sich die Schule nach den Begabungen der Schüler in eine altsprachliche, neusprachliche und naturwissenschaftliche Abteilung, dem Gymnasium, Realgymnasium und der Oberrealschule etwa entsprechend.

Durch die Eltern wird mit Beihilfe der Lehrer und etwa auch des Arztes die Schulart gewählt werden, für die sich der Schüler nach Neigung und Anlage am besten eignet.

Der Aufbau der höheren Knabenschule wäre also folgender:

(Vgl. die Übersicht auf S. 85.)

Die beiden untersten Klassen — nennen wir sie Sexta und Quinta, oder wie in Süddeutschland erste und zweite Klasse — haben, wie die der Mittelschule, Religion, Geschichte, Erdkunde, Naturkunde je 2 Stunden, 4 Stunden Rechnen, 1 Stunde Schreiben, aber 5 Stunden Deutsch und 6 Stunden Englisch.

Mit der Quarta oder der dritten Klasse beginnt die Teilung. Gemeinsam bleibt und zusammen unterrichtet werden die Schüler in

---

*) Aus diesem Grunde lehne ich die Umwandlung unserer Lehrerseminare in deutsche Gymnasien ohne Fremdsprache ab. Dagegen scheint mir der Gedanke sehr erwägenswert, ob man den Abiturienten nicht durch pädagogische Akademien die Lehrerlaufbahn eröffnen kann. Diese pädagogischen Akademien könnten aber nicht als kleine Universitäten mit zwei Studienjahren und je 150—200 Hörern eingerichtet werden. Das scheitert schon an der Übungsschule. Welche Stadt kann für 150 angehende Lehrer und Lehrerinnen so viel Klassen zur Verfügung stellen, daß etwa 600 Wochenstunden Übungsunterricht gegeben werden kann? Nein! Diese pädagogischen Akademien oder Schulen dürfen nicht mehr als 40—50 Schüler in jedem Jahrgange haben. Für diese genügt eine achtklassige Volksschule mit einer Knaben- und einer Mädchenabteilung unter einem tüchtigen Rektor als Übungslehrer.

Deutsche Oberschule.

2 Std. Religion, Geschichte, Erdkunde, Naturkunde,
4 „ Deutsch, Englisch

Altsprachlicher Zweig.		Neusprachlicher Zweig.		Naturwissenschaftlicher Zweig.	
	Oberprima (8. Kl.)		Oberprima (8. Kl.)		Oberprima (8. Kl.)
	Unterprima (7. Kl.)		Unterprima (7. Kl.)		Unterprima (7. Kl.)
	Obersekunda (6. Kl.)		Obersekunda (6. Kl.)		Obersekunda (6. Kl.)
4 Std. Latein 2 Std. Englisch 2 Std. Mathematik	Untersekunda (5. Kl.)		Untersekunda (5. Kl.)		Untersekunda (5. Kl.)
	Tertia (4. Kl.)		Tertia (4. Kl.)		Tertia (4. Kl.)
4 Std. Griechisch Mathematik	Quarta (3. Kl.)	4 Std. Französisch Mathematik	Quarta (3. Kl.)	5 Std. Mathematik 5 Std. Naturwissenschaften	Quarta (3. Kl.)
2 Std. Religion Geschichte Erdkunde Naturkunde		4 Std. Rechnen 5 Std. Deutsch 6 Std. Englisch 1 Std. Schreiben	Quinta (2. Kl.)		
			Sexta (1. Kl.)		

Deutsch und Englisch 4 Stunden, Religion, Geschichte, Erdkunde, Naturwissenschaft je 2 Stunden. Der gymnasiale und der realgymnasiale Teil haben auch gemeinsam 4 Stunden Mathematik. Der gymnasiale Zweig beginnt mit 4 Stunden Griechisch und nimmt nach 2 Jahren 4 Stunden Latein hinzu, ermäßigt dann aber Englisch und Mathematik auf je 2 Stunden. Der realgymnasiale Zweig nimmt 4 Stunden Französisch. Der Oberrealschulzweig erhöht die Stundenzahl und damit die Anforderungen in Mathematik und Naturkunde auf je fünf. Den Neusprachlern und Naturwissenschaftlern soll von Untersekunda an eine andere Fremdsprache zweistündig, z. B. Latein, freistehn.

In kleineren Orten wird die Anstalt einklassig sein. Die Schüler werden nur den altsprachlichen, neusprachlichen und mathematisch-naturwissenschaftlichen Sonderunterricht erhalten. Neben dem Schulleiter sorgt da ein Studienrat, der Fachmann ist, für die einzelnen Abteilungen. In größeren Städten aber werden drei Parallelzüge sich bilden. Die ganze Anstalt steht aber unter einem Leiter, der den Titel Geheimer Studienrat führt und den Rang eines Landgerichtspräsidenten hat. Die einzelnen Abteilungen werden geleitet von Studiendirektoren, die den Rang der jetzigen Direktoren haben.

Mädchenschulen.

Für die Mädchenvolksschulen und -mittelschulen gelten dieselben Vorschriften und Pläne wie für die Knabenschulen, nur treten in jeder Klasse 2 Stunden Nadelarbeit hinzu. Die letzte Klasse behält ihren Kochunterricht. Auf diese folgt dann ein Jahr Frauenschule oder für diejenigen Mädchen, die in einen Beruf übertreten, dieselbe Ausbildung in einem zweijährigen Lehrgang der Pflichtfortbildungsschule. In dem ersten Jahre würde gelehrt und praktisch geübt: Hauswirtschaft und Säuglingspflege, im anderen Jahre Hauswirtschaft, Arbeit im Kindergarten und Krankenpflege fürs Haus.

Höhere Mädchenschulen.

Die höheren Mädchenschulen werden siebenklassig. Sie beginnen mit der heutigen 6. Klasse und setzen als letztes Schuljahr ein Frauenschuljahr auf. Um aber in das Frauenschuljahr nicht zu viel hineinzudrängen, um die jungen Mädchen hauswirtschaftlich möglichst gut auszubilden und um endlich denen, die später in die wissenschaftlichen Klassen des Oberlyzeums übergehen, wenigstens die Anfänge dieser Ausbildung zu geben und sie in den Stand zu setzen, sich später ein einfaches Gericht selbst herzustellen, erhalten die Schülerinnen der jetzigen ersten, der künftigen vorletzten Klasse an einem Nachmittage der Woche Kochunterricht. Als Pflichtfach wird nur eine Fremdsprache gelehrt. Die zweite ist nur für die verbindlich, die ins Oberlyzeum eintreten wollen. Diese beiden Fremdsprachen sind Englisch und Französisch. Sprachlich hervorragend Befähigten steht es frei, noch andere Sprachen, z. B. Italienisch, Spanisch, Schwedisch usf. zu lernen, wenn Lehrer da sind, die diese Sprachen beherrschen. Eine Fremdsprache.

Die Frauenschulklasse ist für alle verbindlich, die nicht in die wissenschaftlichen Klassen des Oberlyzeums oder in die Studienanstalt übergehen. Jedoch haben die Schülerinnen dieser Anstalten im Falle ihrer Verlobung vor der Heirat einen zwölfwöchigen Lehrgang in einer Kindergrippe und einen gleich langen in einem Kindergarten durchzumachen. Können sie von der Mutter oder von Verwandten nicht ein halbes Jahr in der Hauswirtschaft selbst ausgebildet werden, so haben sie mindestens 24 Wochen eine Hauswirtschaftsschule zu besuchen. Es kann das gleichzeitig mit der Ausbildung in der Krippe und im Kindergarten geschehen. Die Frauenschulklasse leitet zur Ausbildung in den eigentlich weiblichen Berufen weiter als Kindergärtnerin, Kinderpflegerin, Hortnerin, Jugendleiterin, Krankenpflegerin, Wohnungs- und Fabrikpflegerin u. a. m. Frauenschulklasse.

Das Schlußzeugnis des Lyzeums oder, wie wir lieber sagen wollen, der höheren Mädchenschulen, gibt auch weiterhin die Berechtigung zum Eintritt in die wissenschaftlichen Klassen des Oberlyzeums. Dieses ist wie bisher dreijährig. Das Oberlyzeum ist dem realgymnasialen Zweige der Knabenschulen möglichst gleich zu gestalten, entsprechend der größeren sprachlichen Begabung des weiblichen Geschlechtes. Oberlyzeum.

Der Stundenplan der höheren Mädchenschulen sieht dann folgendermaßen aus:

	Fr. Spr.	Französisch	Englisch	Religion	Deutsch	Geschichte	Erdkunde	Rechnen u. Mathematik	Naturkunde	Physik	Chemie	Psychologie	Hauswirtsch.	Kinder- Krippe	Kinder- Garten	Nadelarb.	Zusammen	
I	(2)	3	3	2	4	3	2	2		3		2					24	
II	(2)	3	3	2	4	3	2	2		3		2					24	
III	(2)	3	3	2	4	3	2	4		3							24	
Fr.	(2)	(2)	(2)	2	4	2		1		3		2	5*	5*	5*	2	31 (35)	* 1 Stunde Theorie
1	(2)	(4)	3 (5)	2	4	3	2	3		3			4			2	24 (4*)	* 4 Stunden Kochen
2	(2)	(4)	3 (5)	2	4	2	2	3		3						2	23 (25)	
3		(4)	4 (6)	2	4	2	2	3	2							2	23 (25)	
4		(4)	4 (6)	2	4	2	2	3	2							2	23 (25)	
5			4	2	6	2	2	4	2							2	24	
6			4	2	6	2	2	4	2							2	24	

Eine Fremdsprache ist Pflichtfach. Wer nur eine mitnimmt, wird darin besonders ausgebildet. Er erhält 2 Stunden zu Sprechübungen.

Im Oberlyzeum fällt die Pädagogik weg bis auf Psychologie, die in den beiden ersten Klassen eingehend gelehrt wird. Sie ist Prüfungsfach.

Da in der 3. Klasse des Oberlyzeums zumeist Schülerinnen der verschiedensten Lyzeen zusammenkommen, so ist Mathematik auf 4 Stunden erhöht, damit die Klasse mathematisch eingearbeitet werden kann.

Geschichte ist in der ersten Lyzeumsklasse und im Oberlyzeum auf 3 Stunden festgesetzt, damit man Kultur- und Kunstgeschichte eingehender treiben kann.

Das Oberlyzeum stellt die Form der höheren Schule dar, die der weiblichen Anlage am besten gerecht wird. Sein Reifezeugnis ermächtigt ohne weiteres zum Universitätsstudium, wenn ein Lehrgang im Latein mitgenommen ist.

Die preußischen Studienanstalten mit ihrer Abzweigung aus der 4. Klasse des Lyzeums verwandeln sich in Aufbauschulen nach dem sächsischen Muster. Studienanstalten der gymnasialen Richtung, deren es ja sowieso ganz wenige gibt, müßten sich allerdings so helfen, daß für die Mädchen, die in sie eintreten wollen, von der 3. Klasse des Lyzeums ab besonderer griechischer Unterricht eingeführt wird.

Für die Seminarklasse des Oberlyzeums besteht der Plan, sie in die neue pädagogische Akademie einzugliedern. Das wäre an sich sehr zu begrüßen, es ist nur die Frage, ob und wann diese Akademie wird in die Erscheinung treten. Bis dahin wäre es aber angebracht, die Seminarklasse zweijährig auszubauen und in sie die ganze Pädagogik zu verlegen. Das eine Seminarjahr ist zu kurz, und die praktische Einführung in den Unterricht in der ersten Klasse des Oberlyzeums genügt nicht, auch sind da die Schülerinnen zu sehr auf die Reifeprüfung eingestellt und empfinden diese Arbeit nur als Ablenkung.

Seminarklasse zweijährig.

Das erste Seminarjahr dient der Einführung in den Unterricht, dem Unterricht in der Methodik, der allgemeinen Unterrichtslehre und der Geschichte der Pädagogik bis zu den Philanthropen. Das zweite Seminarjahr bringt eigenen Unterricht von mindestens 6 Stunden wöchentlich, den zweiten Teil der Geschichte der Pädagogik, die Schulkunde und das übrige, wie z. B. die rechtliche Stellung der Lehrerinnen. Am Schlusse des zweiten Seminarjahres wird eine Lehramtsprüfung abgelegt.

IV.

Religionsunterricht.

Ist der Unterricht in Deutschkunde der Grundstein unserer nationalen Bildung, so wird und muß der Religionsunterricht der Eckstein sein, und zwar der konfessionelle Religionsunterricht. Kein Moralunterricht, keine Ethik wird je ihn aufwiegen können. Aber wir müssen eines wohl beachten: Wir leben in dem naturwissenschaftlichen Jahrhundert, und unser Gottesbegriff hat sich seit Luther bedeutend geändert. Auch spielt die Religion im Staats- und Volksleben nicht mehr die Rolle, die sie im 16., im 17. und im 18. Jahrhundert hatte. Wir müssen scharf scheiden zwischen dem, was nur noch Überlieferungswert hat, und dem, was für unser religiöses Leben nötig ist, was für die religiöse Bildung unserer Kinder richtunggebend ist. Nur letzteres kommt für die Schule in Betracht. Wir müssen dabei auch auf die pädagogischen Fortschritte Rücksicht nehmen und nicht, wie in den Zeiten des mechanischen Abrichtens, dieselbe Geschichte in vier Jahren den Kindern dreimal vorsetzen. Die konzentrischen Kreise müssen wir aufgeben.

Die ersten Schuljahre sollen die einfachsten religiösen Begriffe im Kinde entstehen lassen. Dazu gehören Geschichten des Alten Testamentes in sehr sorgsamer Auswahl und die schönsten des Neuen Testamentes. Der Katechismusunterricht nimmt die Gebote gründlich durch und läßt einige Sprüche und Kirchenlieder fest lernen. Auf dieses gute Einprägen ist besonders zu achten. Die Kinder sollen ins Leben hinaus einen Stock von Sprüchen und Liedern mitnehmen.

Die mittleren Klassen der höheren Schulen und die höheren Klassen der Volks- und Mittelschulen haben Christus, sein Leben und seine Lehre, die wichtigsten Gleichnisse und die Bergpredigt als Schwerpunkt. Hinzu tritt ein kurzer Überblick über die Ausbreitung des Christentums, sein Eindringen in Deutschland, über die Reformation und Luther *). Der Katechismusunterricht erklärt die anderen Hauptstücke, soweit sie in der Schule zu behandeln sind. Sprüche und Lieder werden auch weiterhin eingeprägt. Ein kurzer Abriß der Geschichte des Kirchenliedes wird gegeben. Im Katechismusunterricht werden auch sittliche Fragen aus dem Lebensumkreis des Kindes besprochen, z. B. die Lüge, die Schullüge, Abschreiben, Vorsagen, Übertreten der Schulordnung u. a.

Die oberen Klassen der höheren Schule, die Fortbildungsschule oder auch die Volkshochschule, geben im kirchengeschichtlichen Unterrichte ein gründliches Wissen von der Entwicklung des Christentums. Der Unterricht wird ausgehen von den Uranfängen der Gottesverehrung, von dem Ursprunge des Monotheismus, seinem Kampfe mit dem Heidentume, der Form des Monotheismus im Judentume, seiner Bewahrung und Reinhaltung und seiner höchsten und reinsten Ausprägung in der Lehre Christi. Es muß nun weiter gezeigt werden der Kampf zwischen Heidentum und Christentum, des letzteren Sieg in Europa und die Entstehung der römischen Kirche. Dann wird besonders eingehend darzustellen sein das Eindringen der christlichen Lehre bei den Germanen, die Eroberung Deutschlands, die Entstehung des deutschen Christentums und seine Gestaltung in Luthers Lehre, deren Entwicklung von der Reformation bis in die neueste Zeit.

Man darf aber der Kirchengeschichte nicht zu großen Wert beilegen. Gewiß soll der gebildete Christ unterrichtet sein über den Werdegang seines Bekenntnisses, aber für sein religiöses Leben ist es viel wichtiger, wenn er in das Leben und Wirken seiner Kirche eingeführt wird. Wie viele Evangelische halten noch jetzt das Predigen für die Haupttätigkeit des Geistlichen, wie viele wissen so gut wie gar nichts von der großen Liebestätigkeit ihrer Kirche! Zu dieser sollte aber mehr als bisher der gebildete Laienstand heran-

*) Für katholische Schulen kämen die großen Päpste und das Tridentiner Konzil in Betracht, sowie die Geschichte der Kirche bis in die neueste Zeit.

gezogen werden, und besonders die Frau. Darum ist auch großer Wert auf die Glaubens- und Sittenlehre zu legen. Hier müssen auch die Fragen durchgesprochen und durchgedacht werden, die unsere Jünglinge und Jungfrauen, die auch den werdenden Mann und die junge Frau bewegen, Weltanschauungsfragen, solche moralischen, ethischen, philosophischen Inhalts. Dabei sind die Schüler hier ganz besonders anzuregen, ihre Gedanken, Einwände, Bedenken vorzubringen und Fragen zu stellen. Der Unterricht dieser Stufe soll religiöses Leben wecken. Er soll den jungen Menschen in Zweifeln und Ungewißheiten aller Art helfen und sie führen. Nur so kann er das schöne Ziel erreichen, das ihm für die höheren Schulen gesteckt ist und das es gilt auf alle Glieder des Volkes zu übertragen: Charaktervolle, christliche Persönlichkeiten erziehen, die befähigt sind, durch lebendige Beteiligung am kirchlichen Gemeindeleben einen heilsamen Einfluß innerhalb unseres Volkslebens auszuüben.

Neben die christliche Persönlichkeit muß die deutsche treten. Diese auszubilden, soweit ihre Mittel reichen, ist die große Aufgabe der Schule. Sie kann es durch den Unterricht in der deutschen Sprache, Geschichte und Landeskunde.

Welches soll nun das Ziel des deutschen Unterrichtes sein?

Ziel des deutschen Unterrichtes.

Eingehende Kenntnis unserer Muttersprache und ihrer Entwicklung, gutes Verständnis unseres Schriftums und seiner Meisterwerke und dadurch Einführung in das deutsche Geistes- und Kulturleben. Gründliche Beherrschung des mündlichen und schriftlichen Gebrauches.

Daraus ergeben sich für alle Schularten in entsprechender Abstufung diese Lehraufgaben.

In der Volksschule wird von der deutschen Sprache und dem deutschen Schrifttum das Neuhochdeutsch gelehrt und werden die Dichter von Schiller und Goethe an in ihren schönsten Werken, die für die Jugend passen, dem Herzen der Jugend nahegebracht. Die Mittelschule vertieft die Kenntnis der Sprachlehre durch Heranziehen der Mundarten und des Mittelhochdeutschen. Sie läßt die mittelhochdeutsche Dichtung, wie das Nibelungen-, das Gudrunlied und Walther von der Vogelweide zum Teil in der Ursprache zu Wort kommen. Selbstverständlich werden Luther, Hans Sachs, der Kampf der Sprachgesellschaften gegen die Fremdwörterei, Lessing und die Vorläufer der Klassiker nicht fehlen. Die höhere Schule gräbt in der deutschen Sprachlehre tiefer. Sie geht bis auf das Althochdeutsch zurück, zieht Griechisch und Lateinisch heran und gibt somit ihren Schülern eine genaue Einsicht in die Entwicklung der Muttersprache. Sie vertieft natürlich die Kenntnis des Schrifttums. Geht sie einerseits auf die althochdeutsche Dichtung zurück, so steigt sie anderseits bis zur neuesten Zeit herauf, blickt auch nach den Deutschen im Auslande und nach ihrer Geisteskultur.

Die deutsche Sprachlehre darf nicht in einem öden Einpauken von Regeln bestehen. Sie eignet sich zur eingehenden Behandlung nur für die oberen Klassen der höheren Schulen. In den Volksschulen, den Mittelschulen und den unteren und mittleren Klassen der höheren Schulen darf nur das Nötigste durchgenommen werden. Dabei soll die deutsche Sprachlehre nicht wie die einer Fremdsprache getrieben werden, sondern es muß dem Schüler nur das Gesetz zum Bewußtsein gebracht werden, nach dem er unbewußt die Sprachformen richtig bildet und anwendet. Auch muß auf den Unterschied zwischen Mundart und Schriftsprache hingewiesen werden. Ferner aber wird man schon auf dieser Stufe anfangen, den Schülern durch Wort- und Wortbedeutungserklärung, durch Hinweis auf den Bedeutungswandel, durch Erklärung der Bilder und der Sprichwörter die Sprache lebendig und lieb zu machen. In den oberen Klassen wird man durch Sprachvergleichung, die sich im Gymnasium besonders gut und fruchtbar anstellen läßt, den Schülern Achtung und Ehrfurcht vor der Muttersprache ins Herz flößen können. Der Unterricht im Mittelhochdeutschen soll nicht in einer neuen Sprache eine neue Last aufbürden, sondern er soll die Entwicklung vom Althochdeutschen zu unserer jetzigen Schriftsprache darlegen und dabei auf die mittelhochdeutschen Bestände in den Mundarten aufmerksam machen. So gibt er eine tiefere Einsicht in das Wachsen und Werden der Sprache.

Sprachlehre.

Schrifttum. Die Geschichte des deutschen Schrifttums geht vom Althochdeutschen aus und gibt von ihm reichlich Proben. Die ältesten Denkmale, die Merseburger Zaubersprüche und der Anfang des Hildebrandsliedes sind im Urtexte zu lernen. In neuhochdeutscher Übertragung ist mindestens zu lesen das Hildebrandslied, Stücke vom Heliand und vom Weißenburger Christ. In das Mittelalter führen uns nicht nur Nibelungen, Gudrun und Walther von der Vogelweide. Neben die Volksepen sind die höfischen zu stellen, Tristan und Parzival. Auch das reizende Gedicht vom armen Heinrich darf nicht vergessen werden, aber ebensowenig Meier Helmbrecht, der uns ein getreues und ernstes Bild der wilden Zeit des Interregnums entwirft. Die höfische Lyrik gibt uns erst einen rechten Begriff von der Bedeutung Walthers, aber auch in ihr, in des Minnesangs Frühling, finden wir echt dichterische Klänge, die uns erfreuen können. An die ritterliche Dichtung schließt sich die bürgerliche an: der Meistersang, das Volkslied, das geistliche Drama, die Fastnachtsspiele. Die Mystiker zeigen uns das Entstehen der deutschen Prosa; sie arbeiten dem großen Sprachmeister vor: Luther. Aus dem Dreißigjährigen Krieg haben wir das erschütternde Lebensbild des Simplizissimus, an dem wir unsere Jugend nicht wie im Museum nur vorbeiführen dürfen. Auch die Bestrebungen der Sprachgesellschaften sollten etwas eingehender gewürdigt werden. Daß man sie meist lächerlich macht und nur einige mißglückte Verdeutschungen als Zeichen ihrer Wirksamkeit anführt, stammt noch aus der Zeit, wo das Fremde bei uns als das Vornehmere galt. Selbst aus der dürren Zeit der Gelehrtendichtung ragt als lebendige dichterische Persönlichkeit die des Gryphius hervor.

Ich will hier keinen Abriß unseres Schrifttums geben; nur darauf hinweisen wollte ich, daß wir alle Ursache haben, uns besonders auf unseren höheren Schulen eingehender mit ihm zu beschäftigen. Gerade die sogenannten Gebildeten kennen das deutsche Schrifttum und damit auch unser Volk, sein Geistesleben, seine Entwicklung viel zu wenig. Wir kleben auch da viel zu viel an überkommenen Vorurteilen.

Unser deutsches Schrifttum kann aber auch viel mehr, als es

bis jetzt geschieht, für die Selbsttätigkeit der Schüler, für den deutschen Ausdruck und Aufsatz ausgenutzt werden. Letzteres, der mündliche Ausdruck und der Aufsatz, müssen gut und verständig gepflegt werden. Hierhin gehört gutes Lesen, das in unseren Schulen mehr als bisher geübt werden muß. Dazu müssen die Studenten auf den Universitäten angehalten werden und die angehenden Lehrer im Seminar. Das können sie lernen. Mit dem guten Vortrag deutscher Gedichte ist es nun freilich ein ander Ding. Wenn ihr's nicht spürt, ihr werdet's nicht erjagen! Aber die Technik kann jeder Lehrer sich aneignen, die seelische Vertiefung kommt dann oft mit den Jahren von selbst. Ausdruck und Aufsatz.

Neben dem Deutschen ist die Geschichte für die Entwicklung des Charakters von größter Bedeutung, zeigt sie uns doch ein großes Gemälde von allerlei Menschen, unter denen die großen, heldenhaften, vorbildlichen überwiegen. Darum werden wir ihr den gebührenden Platz einräumen. Unser durch und durch unpolitisches Volk braucht wie kein anderes einen guten Geschichtsunterricht, denn nur dieser kann allmählich politisches Denken einpflanzen. Der Geschichtsunterricht muß natürlich nicht so sehr Kenntnisse geben, als Verständnis wecken und zum geschichtlichen Denken anleiten. Dabei ist Kulturgeschichte und politische Geschichte gleichermaßen zu berücksichtigen. Geschichte. Politisches Denken.

Von der engeren Heimatgeschichte ausgehend, führt uns die Schule den Werdegang unseres Volkes und läßt uns die Höhen und Tiefen, die stolzen Freuden und tiefen Leiden mitfühlend miterleben, die unserem Volke auf seinem Wege beschieden gewesen sind, die es hat tragen müssen. Dabei wird sie auch auf die Völker eingehn, die auf unsere Entwicklung einen größeren Einfluß ausgeübt haben. Denn die Schule soll ihre Zöglinge mit der Kenntnis des neuen Weltbildes und mit der Einsicht in die Aufgaben des deutschen Volkes entlassen, die der Eintritt eben unseres Volkes in die Weltpolitik und die Berührung mit den Starken der Erde fordert. Aber im Mittelpunkte des geschichtlichen Unterrichtes muß und darf nur die deutsche Geschichte stehen. Und dabei ist vielmehr als bisher auf Anschauung zu halten. Sie darf sich nicht nur in Bildern, Karten Anschauung.

und Schlachtenplänen genug tun, sie muß hinausgehen zu den Resten der alten Zeit und der früheren Kultur. Wir haben überall im deutschen Lande noch wehrhafte Burgen, alte Stadtumwallungen — wenigstens zum Teil —, alte Rat- und Zunfthäuser, Dome und Kirchen, Paläste und Bürgerhäuser, die uns ein lebendiges Bild vergangener Jahrhunderte geben. Immer mehr auch legt der Spaten geschichtliche Urkunden bloß, die wir nicht übergehen wollen. So gewinnen unsere Schüler eine lebendige Erkenntnis der Vergangenheit und dadurch Liebe zu unserem Volke und Stolz auf seine Art.

In der Volksschule lernt das Kind durch die Heimatkunde die Geschichte seines Heimatsortes gründlich kennen, dazu soviel von deutscher Geschichte, als mit der Heimatkunde verknüpft ist, und endlich die Geschichte seit dem Dreißigjährigen Kriege. Die Mittelschule fügt dem die Geschichte des Mittelalters hinzu, betont die Wirtschaftsgeschichte und zeigt wenigstens etwas die deutsche Kunst. Die höhere Schule gibt eine gründliche Kenntnis der Entwicklung des deutschen Volkes, soweit wir sie auf deutschem Boden verfolgen können, und führt in die deutsche Kunst ein, verfolgt die Geschichte der deutschen Stämme der Völkerwanderung und derer, die außerhalb des Rahmens des Deutschen Reiches geblieben sind und es noch sind.

Wir wird sich nun der geschichtliche Lehrstoff am besten verteilen?

Die unteren Klassen aller Schulen werden, dem Standpunkte der Kinder entsprechend, Lebensbilder geben. Sie werden dabei die bedeutenden Persönlichkeiten herausheben, die aus der Heimatstadt stammen oder mit ihr in Berührung gekommen sind. Es wird auch die nähere und weitere Umgebung herangezogen und zuletzt die Heimatprovinz oder das Heimatland.

Auch die eigentliche Geschichte, die in den mittleren Klassen der höheren Schulen und in den oberen der Volksschulen beginnt, ist vaterländische Geschichte in Anlehnung an die Heimatgeschichte. Es wird zugrunde gelegt die Geschichte des Heimatsortes und seiner Umgebung, des Gaues, des Landes, und an ihr wird die vaterländische Geschichte aufgebaut. Hier läßt sich sehr gut die Kulturgeschichte der germanischen Zeit und die des Mittelalters behandeln, wie auch in den höheren Schulen die ganze mittelalterliche Geschichte hier untergebracht wird.

Von Untersekunda an beginnt die eigentliche Weltgeschichte. Sie zeigt in großen Zügen das Entstehen und Vergehen der alten Weltreiche bis mit dem der Römer. Die Geschichte der Griechen wird mit der unseres Volkes in Parallele gesetzt, der kulturelle Einfluß des Griechentums und des Römertums auf die Deutschen wird betont. Hier kann auch der mittelalterliche Versuch der deutschen Könige dargestellt werden, das alte römische Reich aufrecht zu erhalten und das Scheitern dieses Unternehmens.

Da unsere ganze Kultur neuzeitlich ist, d. h. also auf der geistigen und religiösen, der politischen und wirtschaftlichen Freiheit des Einzelnen beruht, wie sie durch die Entdeckungen, durch den Humanismus und durch die Reformation herbeigeführt worden ist, so wird diese Zeit, d. h. also die Neuzeit, eingehend behandelt.

Die Obersekunda hat demgemäß als Jahresaufgabe die Vorboten der neuen Zeit, die Entdeckungen, den Humanismus und die Renaissance, die Reformation, den Dreißigjährigen Krieg und die Zeit der Ohnmacht und des Verfalles des Deutschen Reiches und das Emporkommen Frankreichs und Englands.

Die Unterprima schildert das Eintreten der nordischen Staaten, Schwedens, Polens, Rußlands, in die Reihe der europäischen Mächte und wie Brandenburg-Preußen die Rolle des führenden deutschen Staates zufällt, die den Wiederaufbau Deutschlands zum Ziele hat. Wir werden des Großen Kurfürsten gedenken, Friedrich Wilhelms I. und Friedrichs des Großen. Die Französische Revolution und ihre Bedeutung für Europa und für Deutschland wird dargestellt, das Emporkommen Napoleons, sein Kampf gegen England, der völlige Zusammenbruch Deutschlands und Preußens.

Die Oberprima wird sich beschäftigen mit dem großen Reformwerk Steins, mit den Freiheitskriegen, der politischen Reaktion, den Revolutionen des 19. Jahrhunderts, mit der Errichtung des Deutschen Reiches durch Bismarck, mit den sozialen und politischen Veränderungen, mit dem Emporkommen eines neuen — vierten — Standes, der landbesitzlosen Fabrikarbeiter. Die Geschichte wird den ungeheueren Aufschwung Deutschlands uns zeigen, die Industrialisierung, das Herrschen der materialistischen Weltanschauung, den Imperialismus. Sie wird darlegen, wie sich aus dem Kampfe um die Beherrschung des Weltmarktes der Kampf um die Stellung als Weltmacht sich ergab, und wie wir diesen Kampf und diese Stellung verloren haben. Sie wird der Deutschen gedenken, die außerhalb des Rahmens des jetzigen Reiches leben müssen, und ihrer Geschichte, d. h. ihrer Kämpfe um die Erhaltung ihres Volkstumes, z. B. der Siebenbürger Sachsen, der Deutsch-Österreicher usw. Sie wird endlich unserer Jugend auf die Pflichten hinweisen, die sich aus dem Gange der deutschen Geschichte ergeben.

Wird die Geschichte nach diesem Lehrplane gegeben und wird sie von dem Lehrer mit Begeisterung und Liebe erteilt, so wird sie auch in den Herzen der Schüler Widerhall finden und uns ein echtes deutsches Geschlecht erziehen.

Zur Kunde von unserer Sprache und von unserem Volk tritt die vom deutschen Boden, die Heimatkunde und Landeskunde. Wir müssen unsere Jugend mehr mit dem Boden verwurzeln. Auch die Schule kann durch die rechte Heimatkunde ihr Teil dazu beitragen. Unser erdkundlicher Unterricht klebt noch viel zu sehr an Lehrbuch und Karte. Wir müssen im großen Buche der Natur lesen, müssen Anschauungsunterricht im weitesten Umfange treiben und die Selbsttätigkeit der Schüler im reichsten Maße in Anspruch nehmen. Für die kleineren Schüler ist der Sandkasten, für die reiferen die plastische Arbeit am Relief gegeben. Der Einfluß des Bodens und des Klimas auf den Menschen und seine Lebenshaltung wird am besten auf Wanderungen deutlich gemacht. Hier muß unsere Jugend planmäßig zum richtigen Sehen und Beobachten, zum rechten Wandern erzogen werden.

Die Jugend mit dem Boden verwurzeln.

Heimatkunde und Erdkunde.

Von der Heimat und der heimatlichen Landschaft ausgehend, schreitet der Schüler zur genaueren Kenntnis Deutschlands und Europas fort. Daran schließt sich eine Durchnahme der anderen Erdteile, insbesondere der europäischen Kolonien, und der Meere. Die physische Beschaffenheit der Erdoberfläche, die räumliche Verteilung der Pflanzen=, Tier= und Menschenwelt auf ihr wird betrachtet, die Grundzüge der mathematischen Erdkunde werden dargestellt. Von der sichtbaren Natur ausgehend, führt der Unterricht zum Verständnis der Karte und zum Kartenlesen. Dadurch muß der Schüler zum geographischen Denken erzogen werden. Denn es kommt nicht auf großes Wissen von Tatsachen und Zahlen an, sondern auf die Einsicht in die Bedingungen für das Dasein der Erde und alles Lebens auf ihr.

Die Volksschule beschränkt sich auf eine genaue Darstellung der heimischen Landschaft, die ja auch erwandert werden kann. Daran schließt sich eine eingehendere Behandlung Deutschlands, auch der uns entrissenen Teile. Die Mittelschule fügt noch die Siedelungen der Deutschen außerhalb des Reiches hinzu und die Handelsbeziehungen. Die höhere Schule vertieft und erweitert dies, indem sie z. B. über die Bedeutung des Deutschtums in den Vereinigten Staaten, im übrigen Amerika und in den anderen Weltteilen genaueren Aufschluß gibt. Sie lehrt die richtige Siedelungs= und Handelspolitik, weist hin auf die kulturellen Leistungen der Auslandsdeutschen.

Danach ergeben sich folgende Lehraufgaben:

Die Unterstufe vermittelt eine genaue Kenntnis des Heimatortes und seiner Umgebung durch erdkundliche Spaziergänge und Ausflüge. Durch Arbeit im Sandkasten wird Verständnis für die Karte erzielt. Die Grundbegriffe der allgemeinen Erdkunde werden dabei entwickelt. Dieser Lehrgang schließt mit der Kunde von der heimatlichen Provinz.

Die Mittelstufe behandelt Deutschland und die Gebiete der Deutschen eingehend und daran anschließend Europa, besonders die Nachbarländer Deutschlands, und gibt einen Überblick über die anderen Erdteile und über die Meere.

Die Oberstufe wiederholt und vertieft die Erdkunde von Deutschland in geologischer und wirtschaftsgeographischer Hinsicht, auch die anderen Länder Europas und die fremden Erdteile werden unter diesen Gesichtspunkten wieder durchgesprochen. Die mathematische Erdkunde wird in Anlehnung an den Unterricht in Mathematik be=

gründet. Die wichtigste Aufgabe dieser Stufe läßt sich zusammenfassen in die Worte: Der Mensch und die Erde. Es ist die Anthropogeographie, wie sie Ratzel begründet hat, und umfaßt die Pflanzen, die Tierwelt und den Menschen, die Handels- und Verkehrsbedingungen und -wege, die Staatenbildung und die Wechselwirkung der Staaten im geographischen Raume, die Erdgeschichte, wie sie in der Erdoberfläche der Heimat zu lesen ist.

Soll die Erdkunde dazu beitragen, in unserer Jugend die rechte Liebe für das deutsche Land und Volk zu wecken und zu pflegen, so muß sie zu dem Gemüte, zum Herzen sprechen. Sie muß verstehen, die Erhabenheit der deutschen Alpen, die Lieblichkeit der mitteldeutschen Täler und Höhen, die Großartigkeit des Meeres eindringlich zu schildern, sie muß auch die Ebenen Nord- und Ostdeutschlands, die Lüneburger Heide und die pommerschen Gebreite dem Schüler lieb und wert machen, sie muß endlich alle die Gemütswerte heben können, die mit unseren deutschen Strömen — dem Rhein voran —, unseren Waldgebirgen, unseren stromdurchglänzten Auen, unseren schmucken, reizenden Städten und Städtchen verbunden sind. Der Kulturgeschichte, die man für unsere Schulen dringend verlangt, stelle ich die Kulturgeographie an die Seite, die der toten Wissenschaft Leben gibt und der Schüler Teilnahme erweckt.

Kulturgeographie.

Religion und die drei Fächer der Deutschkunde bilden den Grundstock der deutschen Schule, das Gemeinsame, was alle Schularten haben. Da die Volksschule und die unteren und mittleren Klassen der Mittel- und höheren Schule hierbei auch in den Grundzügen der Lehrpläne übereinstimmen, ergibt sich auch die Möglichkeit der Übergänge von einer Schule zur anderen.

An diesen gemeinsamen Grundstock reihen sich nun die Fächer an, welche die Unterschiede bedingen. Die sind, wie wir wissen, dreifach. Unsere kulturelle Entwicklung ist durch die Antike aufs stärkste befruchtet worden. Wenn auch ihr Einfluß nicht mehr so groß ist wie früher, so kann sie unmöglich ganz beiseite geschoben werden, das würde eine Verarmung unseres Geisteslebens bedeuten. Aber ebenso bedeutend sind die Einflüsse unserer Nachbarvölker gewesen, auch diese können wir in unserer Schule nicht übergehn. Und drittens leben wir im naturwissenschaftlichen Jahrhundert. Darum treten die klassischen Sprachen, die neueren Sprachen und die Naturwissenschaften neben die Deutschkunde.

Der gymnasiale Zweig unserer höheren Schulen legt den Grund zur humanistischen Bildung mit Griechisch. Den Gedanken des Humanismus hat das Griechentum hervorgebracht und ausgebildet. Die großen Dichter und Denker des Altertums sind Griechen gewesen. So müssen wir unserer Jugend die Werke zugänglich machen, in denen uns der griechische Geist am reinsten entgegentritt, die Werke, die immer Wert haben werden. Dabei wollen wir im Auge behalten: die Stellung der klassischen Sprachen im neuen Gymnasium ist eine ganz andere. Sie sind nicht mehr der Grundstein. Der ist und bleibt deutsch. Sie herrschen nicht mehr unumschränkt, sie bilden nur einen Teil, der hinzutritt, um die deutsch-humanistische Bildung zu ergeben. Daher soll weder Griechisch noch Lateinisch so gelernt werden, daß die Jugend es schreiben und sprechen kann. Sie soll die schönsten Werke der großen Künstler und Gelehrten mit Verständnis lesen können. Darum sind 4 Wochenstunden Griechisch und ebensoviel Lateinisch völlig genügend. Deutsch-humanistische Bildung.

Im Griechischen wird das Lehrziel dahin erweitert, daß die Schüler mit den wichtigsten Werken vertraut gemacht und so in das Geistes- und Kulturleben des griechischen Altertums eingeführt werden. Geschieht das erst an der Hand eines Lesebuches, das bald auch kleine zusammenhängende Stücke enthält, so treten etwa im dritten Jahre mit der Anabasis die Schriftsteller selbst an die Schüler heran. Zur Anabasis kann sich die Kyropädie gesellen. Dann folgen die weiteren Geschichtsschreiber Thukydides, Herodot, die Philosophen Platon, Aristoteles, der Redner Demosthenes und endlich die unsterblichen Dichter Homer, Äschylos, Sophokles, Euripides. Es sollen aber auch die Lyriker und Aristophanes nicht vergessen werden. Letztere werden am besten in der Prima in einer Wochenstunde unvorbereitet gelesen. Es ist das eine ausgezeichnete Übung, wirkt außerordentlich fördernd und ermutigend auf die Schüler, macht sie mit den verschiedensten Richtungen des griechischen Schrift- Griechisch.

tums bekannt und gibt ihnen so einen guten Einblick in das Leben der Griechen. Die Grammatik beschränkt sich nur auf das wichtigste; Ausnahmen, seltene Wörter und Wendungen überläßt man dem Lesen.

Latein.

Ebenso wird im Latein die Grammatik nicht mehr die Rolle spielen wie bisher und wird nicht mehr in einer besonderen Stunde bis in die Prima gehen. Dafür wird sie nicht mehr so rein mittelalterlich-mechanisch gelernt. Man wird die Ergebnisse der Sprachvergleichung verwenden und wird sich auch auf das Gesetzmäßige beschränken. Die Ausnahmen kann man auch ruhig dem Lesen überlassen. Die Satzlehre wird die Unterschiede deutschen und römischen Denkens zeigen. Unter den Schriftstellern tritt Cicero von seinem hohen Platze ab und stellt sich bescheiden in die Reihe der anderen. Das Lesen wird beginnen mit Lebensbeschreibungen nach Cornelius Nepos und wird dann zu Cäsar übergehen, der kursorisch auch weiter gelesen wird. Cicero ist vertreten durch seine katilinarischen Reden, durch die de imperio Gn. Pompei, durch die eine oder andere Verteidigungsrede, z. B. pro Sextio Roscio, pro Archia, pro rege Dejotaro oder seine Anklagen gegen Verres und durch eine Auswahl seiner philosophischen Schriften und seiner Briefe. Von Geschichtsschreibern werden Sallust, Livius und besonders Tacitus gelesen. In den Primen ist es gut, einen mittelalterlichen Geschichtsschreiber zu treiben, etwa Einhard, damit die Schüler die Eigentümlichkeiten dieser Schriftsteller und die Weiterbildung der Sprache kennen lernen. Die römischen Dichter sind durch Vergil und Horaz vertreten. — Es werden also — mit Ausnahme Ovids — alle Schriftsteller gelesen, die das Gymnasium heute pflegt. Nur tritt Cicero in der Menge zurück, und Cäsar rückt in die höheren Klassen, und das ist ein großer Vorteil. Cäsars Latein ist der klassische Ausdruck dieses Krieger- und Herrenvolkes. Haben sich die Schüler seinen Wortschatz etwa bis Obersekunda angeeignet, so werden sie ihn gern in den Primen lesen. Sie sind dann imstande, mehrere Kapitel hintereinander durchzunehmen, ohne durch fortwährendes Nachschlagen im Wörterbuche gehemmt zu werden. Sie haben das Gefühl des Könnens und dadurch auch Freude am Schriftsteller.

Auch bei dieser eingeschränkten Stundenzahl wird das Ziel erreicht werden, das jetzt dem Gymnasium gesetzt ist: Auf sicherer Grundlage grammatischer Schulung Verständnis der bedeutenderen klassischen Schriftsteller Roms und dadurch Einführung in das Geistes- und Kulturleben des Altertums.

In die Kultur und in das Geistesleben der Völker, die mit uns Europa bewohnen, führen uns die neueren Sprachen ein. Auch sie sind ein wertvolles Mittel der Bildung. Und da wir auf die Nachbarn angewiesen sind und der geistige Verkehr gar nicht zu entbehren ist, so ist für jeden Gebildeten die Kenntnis mindestens einer lebenden Fremdsprache notwendig. Neuere Sprachen.

Diese eine Fremdsprache ist das Englische. Nicht nur weil es die Sprache unseres größten Feindes ist, auch nicht weil es die Weltsprache ist, die überall auf Erden verstanden wird, sondern weil die besten Denker und Dichter zweier mächtiger Völker sich ihrer bedienen, weil die fortgeschrittene Wissenschaft zweier hochintelligenter Nationen ihre Forschungen in ihr niederlegt. Darum soll auch der humanistisch Gebildete imstande sein, die Fortschritte seines Gebietes bei jenen Völkern zu verfolgen.

Neben dem Englischen hat für uns Deutsche das Französische noch große Bedeutung, die durch den Ausgang des Krieges noch gewachsen ist. Deshalb muß sie als zweite Fremdsprache am neusprachlichen Zweig unseres höheren Schulwesens gepflegt werden. Es soll aber nicht ausgeschlossen sein, daß im Osten oder da, wo es sonst nötig ist, auch Russisch oder Polnisch an seine Stelle tritt. Ferner muß den sprachbegabten Schülern Gelegenheit geboten werden, auch andere Sprachen zu lernen: Spanisch, Italienisch, Dänisch, Schwedisch.

Die Pflichtfächer, ihre Stundenzahl und ihr Lehrstoff sollen möglichst beschränkt sein, damit die Normalbegabten ohne Schwierigkeiten, ohne Plage und ohne Sitzenbleiben die Schule durchlaufen. Aber für die Überbegabten und für die einseitig Begabten muß Gelegenheit geboten werden, ihrem Drange zu folgen. Die Pferde, die doppeltes Futter brauchen, sollen es auch erhalten.

Der altsprachliche Zweig treibt Englisch, um die Schriftwerke lesen zu können. Auf Sprechen ist kein Wert zu legen. Es kann nicht erreicht werden und wird es nicht, da die Sprechgewandtheit durch die alten Sprachen nicht unterstützt wird. Auch darf man sich, was das Sprechen angeht, nicht zu großen Hoffnungen hingeben. Unser Sprechen, wie es in der Schule gelernt wird, ist doch nur ein Zusammenstoppeln auswendig gelernter Redensarten. Darum soll man auch im neusprachlichen Zweig nicht die Zeit damit verbringen. Die Hauptsache ist doch, daß die Sprache gelernt wird. Das kann auf der Schule nur am Gerüste der Grammatik geschehen. So ist Grammatik tüchtig einzuprägen, aber auch hier nur das Gesetzmäßige. Die Ausnahmen sind möglichst dem Lesen zu überlassen. Auch müssen unsere Schüler und Schülerinnen noch viel zu viel Wörter lernen. Die Folge ist, daß ihre Wortkenntnis in den einzelnen Sprachen beschämend gering ist. Man muß einen Stamm von etwa 900 der gebräuchlichsten Wörter lernen und diese zu einem festen Besitz werden lassen. Die übrigen Wörter, die beim Lesen aufstoßen, werden nicht eingeprägt, sondern nur von denen gemerkt, die es wollen und können. Sprechen in der Fremdsprache wird nur mit den Schülern und Schülerinnen geübt, die Lust und Liebe, Geschick und Verständnis haben; nur wer als Hauptzensur in der Sprache ein Gut hat, darf daran teilnehmen. Dieses Gut in einer Sprache ist auch Voraussetzung für die Teilnahme an einer weiteren Fremdsprache. Durch den fremdsprachlichen Unterricht wollen wir den Gesichtskreis unserer Jugend erweitern, ihre Bildung vertiefen, wir wollen sie aber nicht zum Parlieren bringen, für Kellnerfranzösisch und -englisch sind unsere deutschen Jungen und Mädchen zu schade. Darum müssen wir auch aus den Lehr- und Übungsbüchern alles entfernen, was in dieser Richtung sich bewegt. Alle diese kindischen Stücke, die das tägliche Leben breittreten und die uns darstellen: „wie er sich räuspert und wie er spuckt", die müssen fort. Dieser Lehrstoff ist auch ganz unpsychologisch, denn es erweckt des Kindes Teilnahme gar nicht. Was der kleine Franzose oder die kleine Engländerin zum Frühstück ißt, was es anzieht, wie es den Geburtstag feiert u. a., das läßt unsere Jugend kalt. Sie will bessere Kost. Darum muß man auch aus den Schriftstellern die besten auswählen, Dichter und Denker, Gelehrte und Männer des praktischen Lebens, und von ihnen wiederum das Beste geben. Auch hier müssen wir jenes wertlose, sentimentale, oft geradezu läppische Zeug wegtun, das ausdrücklich zusammengebaut ist, um unsere Schüler in das französische oder englische Volksleben einzuführen. Aus einem Kapitel eines großen Geschichtslehrers oder aus einem Abschnitte eines guten Romanes lernt man mehr, als aus einem solchen ganzen Buche. Zuletzt ist doch auch der Lehrer da. Daß beim Englisch auch die amerikanische Literatur gebührend zu berücksichtigen ist, ist selbstverständlich.

Mathematik.

Im Rechnen und in der Mathematik wird je nach den Schulgattungen eine starke Änderung und Verschiebung eintreten. Der sprachliche Zweig wird in seinen Forderungen nachlassen, während für die mathematisch Begabten höhere Ziele gesteckt werden können. Im ganzen Unterrichte ist weniger als jetzt auf das rein Begriffliche hinzuarbeiten, sondern es muß auch der praktische Wert gezeigt werden. Die Mathematik darf nicht allein der formalen Bildung dienen. Die Algebra erscheint den Schülern vielfach als ein sinn- und zweckloses Spielen mit Buchstaben, das mechanisch nach gewissen Regeln vor sich geht. Den praktischen Wert der Geometrie lernen die meisten niemals kennen. Hat der Schüler ein Kapitel eines Schriftstellers präpariert, so hat er dabei etwas Neues gelesen und kennen gelernt; hat er eine mathematische Aufgabe gearbeitet, so hat nur der mathematisch Befähigte die Befriedigung einer richtigen, vielleicht einer schönen Lösung, die anderen haben nur das Gefühl, von einer Last befreit zu sein. Daher rührt wohl auch zum Teil die Abneigung der Jugend vor der Mathematik; sie will das Ergebnis der Arbeit sehen. In allen Klassen, auch in den obersten, muß auf geläufiges Rechnen Wert gelegt werden, Kopfrechnen ist immer zu üben. Für den sprachlichen Zweig empfiehlt es sich, im Lehrziel nicht über das des Gymnasiums oder des Oberlyzeums hinauszugehen, obwohl auch hier eine Förderung der mathematisch Begabten freisteht. Der naturwissenschaftlich-mathematische Zweig hat zum mindesten das Ziel der jetzigen Oberrealschule zu erreichen. Am Lyzeum hat die Mathematik nachzulassen. Es genügt völlig, wenn hier als Endziel das erreicht wird, was jetzt die zweite

Klasse hat. Das kann um so leichter geschehen, weil in der dritten Klasse des Oberlyzeums die Aufgabe der ersten Lyzeumsklasse zumeist wieder aufgenommen wird. Die Begabung der Mädchen liegt auch nicht auf dem mathematischen Gebiete, sondern mehr auf dem sprachlichen. Gerade in Mädchenschulen artet die Mathematik zum stärksten mechanischen Betrieb aus.

Nach diesen Gesichtspunkten wären die Lehrpläne der einzelnen Schulgattungen zu gestalten.

Naturwissenschaften.

Von den Naturwissenschaften ist die Naturgeschichte auf den höheren Schulen sehr schlecht bedacht gewesen. Sie hörte mit Untertertia oder Obertertia auf. Dieser Zustand muß unbedingt geändert werden. Auch hier ist aber das Heimatliche besonders zu betonen. Welches ist nun die Aufgabe der Naturgeschichte? Neben der Kenntnis der Hauptvertreter der heimischen Pflanzen- und Tierwelt soll sie die Schüler zur eingehenden eigenen Beobachtung und zur liebevollen Beschäftigung mit der Natur hinführen. Es sollen nicht sowohl Pflanzen zerpflückt und Tiere zerlegt, als vielmehr es soll ihre Entwicklung, ihr Wesen und Gehaben, ihre Eigenart beobachtet werden. Dabei wird ein Pflanzengarten die Schule gut unterstützen. Bei dieser Unterrichtsart werden auch die Gemütswerte nicht zu kurz kommen. Erst in den oberen Klassen beginnt die wissenschaftliche Zusammenstellung, die Betrachtung der Natur und ihres Lebens vom wissenschaftlichen und philosophischen Standpunkt.

Eigene Beobachtung.

Wenn schon in der Naturwissenschaft auf die eigene Beobachtung des Schülers der allergrößte Wert zu legen ist, so kann seine Mitarbeit in der Naturlehre (Physik) erst recht nicht entbehrt werden. Eigene Anschauung, eigene Erfahrung, eigene Versuche sind das wichtigste Unterrichtsmittel. Nach diesen Gesichtspunkten ist auch der Unterrichtsstoff zu ordnen. Für den altsprachlichen Zweig kommen nur die einfachsten Erscheinungen und Gesetze in Frage. Auf deren festen Grund wird der Lehrer den Schülern einen Einblick in die Wissenschaft und ihre Bedeutung geben und ihnen damit Verständnis und Achtung lehren. Freiwillige Arbeit ist natürlich für die Fortgeschritteneren gestattet.

Naturlehre.

Eigene Arbeit.

In dem naturwissenschaftlichen Zweig ist die eigene Arbeit der

Schüler die Hauptsache. Unter der Leitung des Lehrers werden aus den Versuchen und Beobachtungen die Berechnungen angestellt, die Gesetze gefunden, die Theorie entwickelt. So wird der Schüler sich umfassendere Kenntnisse erwerben, wird tiefer in die Wissenschaft eindringen als bisher.

Wird so auf den Schulen die Selbsttätigkeit geweckt und gefördert und wird den Schülern schon eine gewisse Freiheit in der Wahl der Fächer eingeräumt, so daß sie in ihnen schon weiter vorgedrungen sind, als es bisher der Fall sein konnte, so muß das auch einen Einfluß auf den wissenschaftlichen Betrieb unserer Hochschulen haben.

Universitäten.

Arbeitsgemeinschaften.

Die Universitäten müssen weniger Unterrichtsanstalten, als vielmehr Arbeitsgemeinschaften werden. Das Vorlesungswesen ist bedeutend einzuschränken und dafür ist der Seminarbetrieb mehr zu fördern. Schon die Anfänger können hier eingehender in die Wissenschaft eingeführt werden. Das Vorlesungswesen ist noch ein Überrest aus der Zeit, als die Bücher so teuer waren, daß sie nur wenige sich kaufen konnten. Jetzt kann jeder Universitätsprofessor seine Vorlesung als Handschrift drucken lassen und sie dann in seinen Kollegs besprechen, wobei er neuere Forschungen berücksichtigt. Daß seine Kollegs leer sein würden, braucht er nicht zu fürchten, wenn er etwas Tüchtiges zu sagen weiß. Es werden auch auf die Hochschulen viel mehr Tüchtige kommen, Leute, die den Drang haben, etwas zu lernen und etwas zu arbeiten. Denn die Fortbildung soll ja nur den Tüchtigen freistehen. Aber, ich wiederhole, das soll nun nicht heißen, alle hervorragend Begabten sollen auf die Hochschulen abgelenkt werden. Nein! Es soll nur jedem ausnahmsweise begabten und tüchtigen Menschen die Möglichkeit geboten werden, in seinem Fache vorwärts zu kommen, es soll ihm da freie Bahn geschaffen werden.

Aufstieg der Tüchtigen.

Der Volksschüler tritt nach dem Verlassen der Schule in die Lehre bei einem tüchtigen Handwerker, bei einem Kaufmann, bei einem Bauern. Und wir müssen darauf halten, daß jeder Junge eine solche Lehrzeit durchmacht; die sogenannten ungelernten Arbeiter müssen verschwinden. Er besucht dabei die Fortbildungsschule und die Fachschule seines Berufes. Zeigt er sich in letzterer hervorragend tüchtig — es werden das fast immer Menschen sein, die im Leben und in der Schule sich besonders bewährt haben —, so kann er auf die nächst höhere Fachschule, z. B. auf das Technikum, übergehen. Er kann also z. B. vom Schlosserlehrling oder Schlossergesellen zum Maschineningenieur sich heraufarbeiten. Ist er auf dem Technikum wieder einer der Besten, besteht er seine Prüfung, wollen wir sagen mit 1, so steht ihm der Weg zur technischen Hochschule frei; er kann mit dem Diplomingenieur und Dr. ing. seinen Bildungsgang abschließen. Er kehrt als solcher in die Fabrik zurück, in der er als Lehrling eingetreten ist, wird Leiter einer Abteilung, zuletzt technischer Leiter der ganzen Fabrik.

Fortbildungsschule.

In die Fortbildungsschule und in die Fachschule muß jeder und jede gehen. Die Mädchen, die für den Beruf der Hausfrau und Mutter sich vorbereiten, besuchen die Frauenschulen. Die Volkshochschule öffnet ihre Pforten jedem, der vertiefteres Wissen erlangen will. Diese Volkshochschulen müssen aber auch wirkliche Schulen sein und nicht etwa nur Vorlesungseinrichtungen. In ihnen müssen kleinere Kreise zu einer gewissen Lebensgemeinschaft versammelt werden, die Hörer müssen einige Zeit aus der Arbeit des Tages gelöst werden, damit sie das recht aufnehmen können, was ihnen geboten wird.

Von der Mittelschule steht der Weg frei in das Leben, in einen Beruf oder auch eine mittlere Fachschule. Auch hier kann der Beste natürlich zur Hochschule übergehen.

Fortbildungsmöglichkeit für jeden.

Fortbildungsmöglichkeit muß jedem geboten werden. Seine Sache ist es, ob er sie benutzen will. Die Möglichkeit des Aufstieges soll jeder haben, mehr als bisher, aber wir wollen kein künstliches Hochpäppeln, kein Schieben und Zerren. Vor allem wollen wir kein ungesundes Hineindrängen in die studierten Berufe. In dem Fache, in dem er tüchtig ist, soll jeder auch das Höchste erreichen können. Das ist der Sinn des Wortes: Freie Bahn dem Tüchtigen. Es mag den Hochbegabten auch nicht zu leicht gemacht werden, denn an Schwierigkeiten, an Widerständen stählt sich die Kraft. Nur solche Leute aber können wir in den führenden Stellungen gebrauchen. An diesen Stellen dürfen aber nicht nur reine Verstandesmenschen stehn, kalte Streber, sondern es müssen Deutsche sein mit den besten Eigenschaften unseres Volkes. Und darum kann nicht die Schule allein die Auswahl treffen derer, die aufsteigen sollen, und es darf nicht dem Elternhaus die Sorge um die Kinder und deren Zukunft abgenommen werden. Für liebe Kinder arbeiten und sorgen zu können, ist ein Vorrecht der Eltern, das gewiß sein Schweres hat, das aber viele innere Freuden birgt. Und anderseits, nichts hält die Familie so zusammen als das Bewußtsein der Kinder von den Opfern der Eltern. Diese Kindesliebe ist ein so hohes sittliches Gut, daß wir sie auf keinen Fall in unserem Volke missen wollen.

Wenn wir an eine schöne Zukunft unseres Volkes glauben — und ich bin felsenfest davon überzeugt, trotzallledem! — wenn wir für gewiß halten, daß unser Volk seine geschichtliche Aufgabe noch zu erfüllen hat, wenn wir hoffen, daß wir uns aus diesem schrecklichen Abgrund wieder zu lichteren Höhen emporarbeiten werden: dann müssen wir auf eine gründliche Erneuerung unseres ganzen Volkes hinarbeiten, dann müssen wir diesen undeutschen Materialismus, die angefaulte romanische Zivilisation, die hohle Großstadtkultur ausfegen, dann müssen wir alle die guten Eigenschaften wecken und erstarken lassen, die dem Deutschen immer eigneten.

Erneuerung unseres Volkes.

Nicht um eine Schulreform handelt es sich, nicht um eine Lehr- und Stundenplangeometrie, auch nicht darum, daß einigen tausend Volksschülern die Türen der höheren Schulen und der Hochschulen geöffnet werden. Gewiß! Das ist alles wichtig — ist aber der großen Frage gegenüber nebensächlich. Es sind das alles nur Bausteine, aber nicht das Gebäude selbst.

Die Frage ist: Wie erziehen wir ein neues Geschlecht für die neue Zeit, wie schaffen wir eine neue Erziehung im neuen Reiche? Die Erziehungsfrage ist es, von deren richtiger Lösung alles abhängt. Hüten wir uns, sie nicht zur Schulfrage werden zu lassen. Es geht nicht um die oder jene Schule und Schulart, sondern um unser Volk.

Darum muß die Erziehung der neuen Deutschen nicht einseitig nur der Schule oder nur der Familie überlassen bleiben. Es müssen alle erzieherischen Kräfte mitwirken, die den rechten Deutschen bilden, die unsere besten Eigenschaften entwickeln können, die unsere Jugend zu körperlich tüchtigen Männern und Frauen, zu Staatsbürgern, die auf eigener Überzeugung stehen, gewonnen durch selbständiges Denken und klares Urteil, aber zu Menschen eines weichen, guten Herzens, eines tiefen und reinen Gemütes erziehen. Das aber kann nur geschehen, wenn einträchtig zusammenwirken die berufensten Männer und Frauen, die besten Überlieferungen und Einrichtungen: Familie und Schule, Heimat und Vaterland.

Wigand'sche Buchdruckerei G. m. b. H., Leipzig.

FSC
www.fsc.org
MIX
Papier | Fördert gute Waldnutzung
FSC® C083411

Kolibri 360 GmbH
Ferdinand-Jühlke-Straße 7
99095 Erfurt, Deutschland
produktsicherheit@kolibri360.de